Campus Japanese for a communication Level 2

커뮤니케이션을 위한

캠퍼스 일본어
Level 2

공저 윤상실 · 오찬욱 · 미야자키 사토코

MP3
무료다운로드서비스
www.jncbook.co.kr

제이앤씨
Publishing Company

동사활용표

		기본형	ます형	て형	た형	ない형	よう형	가정형	명령형	수동형	사역형
5단동사		買う	買います	買って	買った	買わない	買おう	買えば	買え	買われる	買わせる
		書く	書きます	書いて	書いた	書かない	書こう	書けば	書け	書かれる	書かせる
		泳ぐ	泳ぎます	泳いで	泳いだ	泳がない	泳ごう	泳げば	泳げ	泳がれる	泳がせる
		話す	話します	話して	話した	話さない	話そう	話せば	話せ	話される	話させる
		待つ	待ちます	待って	待った	待たない	待とう	待てば	待て	待たれる	待たせる
		死ぬ	死にます	死んで	死んだ	死なない	死のう	死ねば	死ね	死なれる	死なせる
		遊ぶ	遊びます	遊んで	遊んだ	遊ばない	遊ぼう	遊べば	遊べ	遊ばれる	遊ばせる
		読む	読みます	読んで	読んだ	読まない	読もう	読めば	読め	読まれる	読ませる
		乗る	乗ります	乗って	乗った	乗らない	乗ろう	乗れば	乗れ	乗られる	乗らせる
1단동사		見る	見ます	見て	見た	見ない	見よう	見れば	見ろ/見よ	見られる	見させる
		食べる	食べます	食べて	食べた	食べない	食べよう	食べれば	食べろ/食べよ	食べられる	食べさせる
변격동사		する	します	して	した	しない	しよう	すれば	しろ/せよ	される	させる
		來る	來ます	來て	來た	來ない	來よう	來れば	來い	來られる	來させる

머리말

세계화 국제화 시대를 살아가는 우리들에게 이문화권의 이해를 위한 외국어 학습은 필수적이 된 것 같습니다. 특히 우리나라와의 지리적, 역사적 관계에서 일본의 언어, 문화, 사회 등에 관한 관심은 더욱 증대되고 있다고 할 수 있습니다.

10여년 전 부터 시작된 일본 대중문화 개방이라는 시류 속에서 최근에는 일본 드라마, 애니메이션, 영화, 음반 등 다양한 매체를 접하고 즐기는 층이 많아지고, 그에 따른 일본어 사용과 이해에 대한 열망이 커지고 있는 것 또한 사실입니다.

일본어에 대한 개개인의 학습 목적이 다양해짐에 따라 학습 방법과 교재 또한 다양하게 추구되고 있습니다. 본서는 현행의 외국어 학습이 일반적으로 추구하는 원활한 커뮤니케이션을 목표로 하여 일본어 초보학습자용 「커뮤니케이션을 위한 캠퍼스 일본어 Level 1」에 이어지는 교재입니다.

우선 본문의 [Part1][Part2]에 실생활에서 자주 맞닥뜨리게 될 친근한 화제를 들어 장면과 상황에 알맞은 대화체의 내용을 담았습니다. 본문 중에서 꼭 익혀야할 [표현연습]과 관련 [문법포인트 해설]을 실어 주요 문형과 문법을 익히고, 예습 복습에도 활용할 수 있도록 했습니다. [연습문제]를 통해 다시 한 번 각 과에서 익힌 내용의 확인이 가능하며, [일본문화산책] 코너에서는 언어와 뗄래야 뗄 수 없는 관계에 있는 문화적 시점에서 일본을 바라보고 일본의 이미지를 만들어 가는데 필요한 상식을 얻을 수 있을 것으로 생각합니다. 본서가 부디 일본어 학습을 시작하여 기본 구조를 이해하고 발전시켜 나가고자 하는 학습자 여러분들의 동기부여와 학습의욕 증진에 일조할 수 있기를 기대하는 바입니다.

마지막으로 본서가 나오기까지 많은 도움을 주신 이지현(유한대 강사)선생과 제이앤씨 관계자 여러분께도 감사의 뜻을 전하고 싶습니다.

2010년 2월
저자 일동

Contents

제1과

軽音楽部に入りたいんです

경음악부에 들어가고 싶어요.

경음악부에 들어가고 싶어요.

제1과 | 軽音楽部に入りたいんです

 **Part 1**

木村 : 李さん、この大学に「軽音楽部」ってありますか。

李 : ありますよ。私の友達がエレキギターを弾いています。

木村 : 僕、実はドラムが好きで、軽音楽部に入りたいんです。

友達も作りたいし…。

李 : じゃ、これからサークルルームに行ってみますか。

木村 : はい、お願いします。

李 : 今、誰かいるか、友達に電話してみますね。

木村 : ありがとう!

어휘			
軽音楽部(けいおんがくぶ) 경음악부	入(はい)る 들어가다, 들어오다	~たい ~(하고) 싶다	
~って ~(이)라고, 라고 하는	友達(ともだち) 친구	エレキギター 일렉트릭 기타, 전기 기타	
弾(ひ)く (악기를) 치다, 연주하다	僕(ぼく) 나(남자가 사용)	実(じつ)は 실은, 사실은	
ドラム 드럼	好(す)きだ 좋아하다	作(つく)る 만들다	
これから 이제부터, 앞으로	サークルルーム 동아리방	行(い)く 가다	
~てみる ~(해)보다　お願(ねが)いします 부탁드립니다　今(いま) 지금　誰(だれ) 누구　電話(でんわ) 전화			

Part 2

伊藤：李さんは、東京へ行ったことがありますか。

李　：いいえ、まだないんです。一度、行ってみたいん
　　　ですけど。

伊藤：どこに行ってみたいですか。

李　：渋谷、お台場、ディズニーランド…。
　　　あ、原宿も行ってみたいです。原宿で、買い物したり、
　　　クレープを食べたりしたいです。

伊藤：この冬休みは、私も日本へ帰りますから、
　　　遊びに来ませんか。

李　：本当ですか!

伊藤：私、おいしいお店もたくさん知っているし、
　　　いろいろ案内したいです。

李　：じゃ、私、アルバイトがんばらなくちゃ。

어휘			
東京(とうきょう) 도쿄	まだ 아직	ない 없다	一度(いちど) 한번
～けど ～(하)지만	渋谷(しぶや) 시부야	お台場(だいば) 오다이바	
ディズニーランド 디즈니랜드	原宿(はらじゅく) 하라주쿠	買(か)い物(もの) 쇼핑　クレープ 크레이프	
食(た)べる 먹다	冬(ふゆ)休(やす)み 겨울방학	帰(かえ)る 돌아가다, 돌아오다　～から ～때문에	
遊(あそ)ぶ 놀다	来(く)る 오다	本当(ほんとう) 사실, 정말임　おいしい 맛있다	
店(みせ) 가게, 상점	たくさん 많이	知(し)る 알다	いろいろ 여러 가지
案内(あんない) 안내	アルバイト 아르바이트	がんばる 끝까지 노력하다, 분발하다	

표현연습

practice

Part 1

1 ～ってありますか

① この大学に「軽音楽部」ってありますか?

② 一生に一度は行ってみたい所ってありますか?

③ 皆さんの会社に社員旅行ってありますか?

2 ～たいんです

① 軽音楽部に入りたいんです。

② 日本で働きたいんです。

③ 友達に会いたいんです。

3 ～てみます

① 友達に電話してみます。

② 後で先生に聞いてみます。

③ 私も使ってみます。

Part 2

4　～たり、～たりしたいです

① 買(か)い物(もの)したり、クレープを食(た)べたりしたいです。

② あの公園(こうえん)を歩(ある)いたり、走(はし)ったりしたいです。

③ フォントを大(おお)きくしたり、小(ちい)さくしたりしたいです。

5　～し、～たいです

① おいしいお店(みせ)もたくさん知(し)っているし、いろいろ案内(あんない)したいです。

② お金(かね)もないし、私(わたし)はやめたいです。

③ 疲(つか)れたし、少(すこ)し休(やす)みたいです。

語彙			
大学(だいがく) 대학	一生(いっしょう) 일생	所(ところ) 곳, 장소	皆(みな)さん 여러분
会社(かいしゃ) 회사	社員旅行(しゃいんりょこう) 사원여행		働(はたら)く 일하다
～に会(あ)う ～와 만나다	後(あと)で 나중에	先生(せんせい) 선생님	聞(き)く 듣다, 묻다
使(つか)う 사용하다	公園(こうえん) 공원	歩(ある)く 걷다	走(はし)る 달리다
フォント 폰트	大(おお)きい 크다	小(ちい)さい 작다	お金(かね) 돈
やめる 그만두다	疲(つか)れる 피곤하다	少(すこ)し 조금	休(やす)む 쉬다

① ～ってありますか (기출 : 레벨1-10과)

「～って」는 스스럼없는 회화 장면에서 자주 쓰이는데, 어떤 것을 화제로 들어서 의미나 정의를 말하기도 하고 평가를 내릴 때 사용되기도 한다. 뒤에 「ありますか」를 수반하여 「～라고/란 거 있어요?」라는 뜻이 된다.

「軽音楽部」ってありますか。 「경음악부」라고 있어요?

② ～たい (기출 : 레벨1-10과)

「～たい」는 동사의 ます형에 접속되어 말하는 이의 행위 실현에 대한 욕구, 희망을 나타낸다. 우리말의 「～(하)고 싶다」에 해당된다.

軽音楽部に入りたいんです。 경음악부에 들어가고 싶어요.

③ ～てみる

「いる, ある, みる, おく, しまう」 등이 본동사 뒤의 て형에 접속하여 본래 갖고 있던 의미가 바뀌어 특정의 의미를 부가하는 보조동사로 쓰이는 경우가 있다. 그 중 「みる」는 뭔가를 위하여 한번 시도해 본다는 「～(해) 보다」라는 의미로 쓰인다.

行ってみますか。 가 보겠어요?

❹ た형

「た」는 동사, イ형용사・ナ형용사, 명사 술어 등에 접속되어 과거 또는 완료의 의미를 나타낸다. 동사에는 て형과 같은 방법으로 접속되고, イ형용사는 어미 「い」가 「かった」로, ナ형용사는 어미 「だ」가 「だった」로 바뀌어 た형을 만든다.

読む ⇨ 読んだ	見る ⇨ 見た	来る ⇨ 来た
する ⇨ した	寒い ⇨ 寒かった	静かだ ⇨ 静かだった
休みだ ⇨ 休みだった		

❺ ～たことがある

특히, 동사의 た형에 「ことがある」가 접속된 「～たことがある」는 과거에 「～(한) 적/일이 있다」라는 경험을 나타낸다. 반대로 「～(한) 적/일은 없다」와 같이 어떤 경험이 없음을 나타낼 때는 「～たことはない」를 사용하여 나타낸다.

東京へ行ったことがありますか。　도쿄에 간 적이 있습니까?
いいえ、行ったことはありません。　아니오, 간 적은 없습니다.

❻ ～けど

「けれども」「けれど」의 축약형으로, 문말(文末)에 사용하여 분명하게 말하지 않고 에둘러서 말할 때 사용한다. 우리말의 「～(합)니다만, (한)데요」 정도에 해당된다.

一度、行ってみたいんですけど。　한번 가보고 싶은데요.

❼　〜たり、〜たりする

몇 개인가의 동작 중에서, 둘 정도를 들어 그밖에도 동류(同類)의 동작이 행해진다는 뜻을 포함하고 있는 표현이다.

　買い物したり、クーレプを食べたりしたいです。
　쇼핑도 하고 크레이프도 먹고 싶어요.

❽　〜し、〜たい

「し」는 ①관련있는 사항을 열거할 때 사용하거나(기출 : 레벨1-9과), ②그밖에도 이유가 있음을 내포하면서 그 중 하나의 이유를 들어 나타낼 때 사용한다. 본과에서는 ②의 용법이다.

① サムギョップサルも食べましたし、焼酎も飲みました。
　삼겹살도 먹었고, 소주도 마셨어요.
② おいしいお店もたくさん知っているし、いろいろ案内したいです。
　맛있는 가게도 많이 알고 있고 (하니까) 여기저기 안내하고 싶어요.

❾　〜なくちゃ

「〜なくちゃ」는 「〜なくては」의 축약형으로 회화체에서 주로 쓰인다. 뒤에 「いけない(안 된다)」라는 의미가 생략된 것으로 「〜 (하)지 않으면 안 된다, 〜 (해)야지」라는 뜻으로 쓰인다.

　アルバイトがんばらなくちゃ。　아르바이트 열심히 해야겠네(요).

연습문제

1. 다음 단어를 각각 한자는 히라가나로, 히라가나는 한자로 바꾸세요.

1 軽音楽部 (   )   **2** 弾く   (   )

3 渋谷   (   )   **4** 原宿   (   )

5 本当   (   )   **6** いっしょう (   )

7 あんない (   )   **8** しゃいん   (   )

9 つかう   (   )   **10** つかれる   (   )

2. 다음 보기와 같이 고치세요.

> 보기 ─────────────
>
> 一度電話する
>
> ➡ 一度電話して<u>みます</u>。

1 事務室へ行く

➡ _____

2 プログラムを調べる

➡ _____

❸ 李さんに頼む

➡ _____

---

3. 다음 보기와 같이 문장을 만드세요.

> 보기 ─────────────────────────────
>
> 食べる / 飲む
> ➡ 食べ <u>たり</u>、飲ん <u>だりします</u>。

❶ 部屋の掃除をする / 買い物に行く

➡ _____

❷ 音楽を聞く / 絵を描く

➡ _____

❸ 復習をする / 予習をする

➡ _____

4. 다음 우리말 문장을 일본어로 작문하세요.

❶ 「학생 할인(割引)」이라는 거 있습니까?

➡ _____

❷ 수업에 늦은(遅れる) 적은 한 번도 없습니다.

➡ _____

❸ 날씨도 좋고, 어디 놀러 가고 싶어요.

➡ _____

어휘		
事務室(じむしつ) 사무실	プログラム 프로그램	調(しら)べる 조사하다, 찾다
部屋(へや) 방	掃除(そうじ) 청소	音楽(おんがく) 음악
絵(え)を描(か)く 그림을 그리다	復習(ふくしゅう) 복습	予習(よしゅう) 예습

하라주쿠(原宿)

도쿄의 시부야(渋谷)구에 위치한 젊은이들의 문화와 유행의 발신기지.

1950년대 주일미군의 장교용 주택단지가 있었던 관계로 '일본 속의 미국'과도 같았던 이곳은 1961년 도쿄 올림픽의 선수촌을 짓기 위해 단지가 철거되자 '하라주쿠족(原宿族)'이라 불리는 부유층 젊은이들이 미국문화를 찾아 모여들기 시작하면서 젊은이들의 거리로 변모했고, 1970년대 초에 창간된 <앙앙(an·an)>이나 <논노(non-no)>와 같은 패션잡지들이 이곳을 특집으로 다루기 시작하면서 전국적으로 알려지게 되었다.

1970년대 후반부터 1980년대 초에는 '부띠끄 다케노코(ブティック·竹の子)'라는 가게에서 만든 독특한 의상을 걸친 젊은이들이 근처의 요요기(代々木)공원에서 집단으로 춤을 춰 화제를 불러일으키기도 했다.

이곳의 다케시타 거리(竹下通り)에 밀집해 있는 패션 가게들은 인접한 아오야마(青山)와 오모테산도(表参道)의 해외 명품점들과 함께 일본의 첨단 유행을 리드해 현지인들뿐만 아니라 도쿄를 찾는 수많은 외국인들의 발길을 끌고 있다.

하라주쿠의 다케시타 거리

제2과

—

あしたはアルバイトに行かない日ですから、時間がありますよ

내일은 아르바이트 안가는 날이라서 시간 있어요.

내일은 아르바이트 안가는 날이라서 시간 있어요.

제2과 | あしたはアルバイトに行かない日ですから、時間がありますよ

伊藤：金さん、これからちょっと時間ありますか?
　　　韓国語の宿題でわからないところがあって。

金　：ああ、ごめん。これからアルバイトなんです。

伊藤：そうですか。

金　：あしたはアルバイトに行かない日ですから、
　　　時間がありますよ。

伊藤：じゃ、あしたお願いします。アルバイト、
　　　がんばってください。

金　：ありがとう。じゃあね。

| 어휘 | あした 내일　　日(ひ) 날　　ちょっと 잠깐, 잠시　　時間(じかん) 시간　　韓国語(かんこくご) 한국어
宿題(しゅくだい) 숙제　　わかる 알다　　ごめん 미안　　じゃあね 헤어질 때의 인사말, 잘 가(요) |

木村：李さんは週末、いつも何をしていますか。

李　：大体、友達と出かけています。出かけない日は、
　　　家でテレビを見たり、本を読んだりしています。

　　　木村さんは?

木村：毎週、土曜日はドラムの練習をしています。
　　　ドラムの練習をしない時は、友達と会って映画を
　　　見たりしています。

李　：日曜日はどうやって過ごしていますか。

木村：日曜日はどこにも行かないで家でのんびりしています。

어휘	週末(しゅうまつ) 주말	いつも 언제나, 항상	大体(だいたい) 대개, 대체로	出(で)かける 외출하다, 나가다
	家(いえ) 집	テレビ 텔레비전	見(み)る 보다	本(ほん) 책
	読(よ)む 읽다	毎週(まいしゅう) 매주	土曜日(どようび) 토요일	練習(れんしゅう) 연습
	時(とき) 때	会(あ)う 만나다	映画(えいが) 영화	日曜日(にちようび) 일요일
	どうやって 어떻게 (해서)	過(す)ごす (시간을) 보내다, 지내다		のんびり 여유롭게, 한가로이

Part 1

1　～ ない

① あしたはアルバイトに行かない日です。

② 朝ご飯を食べない時もあります。

③ コーヒーに砂糖を入れない人もいます。

2　がんばってください

① アルバイト、がんばってください。

② これからも、がんばってください。

③ 留学生の皆さん、がんばってください。

Part 2

3　～ たりしています

① 友達と会って映画を見たりしています。

② 天気のいい日は散歩したりしています。

③ 兄は仕事でよく出張したりしています。

4 ～ないで

① どこにも行かないで家でのんびりしています。

② 眼鏡もはずさないで寝ています。

③ 勉強しないで遊んでいます。

語彙			
朝(あさ)ご飯(はん) 아침 밥	砂糖(さとう) 설탕	入(い)れる 넣다	人(ひと) 사람
留学生(りゅうがくせい) 유학생	天気(てんき) 날씨	いい 좋다	散歩(さんぽ) 산책
兄(あに) 형, 오빠	仕事(しごと) 일	よく 자주, 잘	出張(しゅっちょう) 출장
眼鏡(めがね)をはずす 안경을 벗다	寝(ね)る 자다	勉強(べんきょう) 공부	

① ない(부정)형

동사의 부정형은 「~ない」를 붙여 만든다. 5단동사는 어미 「u(ウ단)」를 「a(ア단)」로 고쳐 접속하는데, 「う」로 끝나는 경우는 「わ」를 붙인다. 1단동사는 「る」를 빼고 「ない」를 붙인다. 변격동사 「来る」「する」는 각각 「来ない」「しない」가 된다.

行く (가다)	➡	行かない (가지 않다)
思う (생각하다)	➡	思わない (생각하지 않다)
起きる(일어나다)	➡	起きない (일어나지 않다)
寝る (자다)	➡	寝ない (자지 않다)
来る (오다)	➡	来ない (오지 않다)
する (하다)	➡	しない (하지 않다)

あしたはアルバイトに行かない日です。　내일은 아르바이트 안가는 날입니다.

② がんばってください

「がんばる」는 「분발하다, 열심히 하다」라는 뜻인데, 「がんばってください」라고 하면 「잘 하세요, 열심히 하세요」라는 상대방에 대한 격려 표현이 된다.

アルバイト、がんばってください。　아르바이트 잘 하세요.

❸ 　~ている （기출 : 레벨1-11과）

　동사의 て형 뒤에 「いる」가 보조동사로 쓰인 「~ている」는 ①동작의 진행, ②동작
·작용의 결과 생긴 상태를 나타내며 각각 우리말의 「~고 있다」「~아/어 있다」에
해당된다. 그밖에 ③반복해서 행해지는 습관을 나타내기도 하는데, 본과에서는 ③의
용법이다. 이 경우는 「いつも」「毎~」 등을 수반하는 경우가 많다.

① 今、グラウンドでサッカーをしているんです。　지금 운동장에서 축구를 하고 있는데요.

② 桜がきれいに咲いています。　　　벚꽃이 예쁘게 피어 있습니다.

③ 毎年、海外旅行をしています。　매년 해외여행을 하고 있습니다.

　週末、いつも何をしていますか。　주말에는 항상 무엇을 하고 있습니까?

❹ 　~ないで

　동사의 ない(부정)형에 「て」가 접속된 형태로 뒤에 오는 동작과 상태가 어떤 상황
·사정하에 성립하는가를 나타낸다. 참고로 뒤에 오는 사항의 원인·이유를 나타낼
때는 「~なくて」가 사용된다.

　どこにも行かないで家でのんびりしています。
　아무데도 가지 않고 집에서 여유롭게 보내고 있어요.

　日本語が分からなくて困りました。
　일본어를 몰라서 난처했습니다.

연습문제

1. 다음 단어를 각각 한자는 히라가나로, 히라가나는 한자로 바꾸세요.

1 週末 ( ) **2** 大体 ( )

3 過ごす ( ) **4** 砂糖 ( )

5 眼鏡 ( ) **6** かんこくご ( )

7 しゅくだい ( ) **8** れんしゅう ( )

9 しゅっちょう ( ) **10** りゅうがくせい ( )

2. 다음 보기와 같이 ない형(히라가나)으로 고치세요.

> 보기
>
> 行く ➡ いかない

1 飲む ➡ _____ **2** 食べる ➡ _____

3 買う ➡ _____ **4** 勉強する ➡ _____

5 見る ➡ _____ **6** 寝る ➡ _____

7 話す ➡ _____ **8** 休む ➡ _____

9 起きる ➡ _____ **10** 来る ➡ _____

11 待つ ➡ _____ **12** 帰る ➡ _____

3. 다음 보기 중에서 알맞은 것을 골라 밑줄부에 넣으세요.

보기

a. 出しました   b. 出かけました   c. 入って来ました

① 靴も脱がないで、_____

② 何も書かないで、_____

③ 朝ご飯も食べないで、_____

4. 다음 우리말 문장을 일본어로 작문하세요.

① 단어 뜻을 모를 때는 사전을 찾습니다. (辞書を引く)

➡ _____

② 자지 말고 분발해야지.

➡ _____

③ 식사 후 언제나 산책(散歩)하고 있습니다.

➡ _____

어휘 出(だ)す 내다   靴(くつ) 구두   脱(ぬ)ぐ 벗다

　　일본에서 처음으로 극영화가 만들어진 것은 1899년이었으나 영화제작이 본격화되기 시작한 것은 닛카쓰(日活)나 쇼치쿠(松竹)와 같은 영화사들이 출범한 1920년대부터로, 이때는 미조구치 겐지(溝口健二 : 1898~1956년)와 같은 감독들이 활약하였다.

　　1940년대 초까지 호황을 누리던 일본영화는 제2차 세계대전과 전후의 미군 점령 기간 중 극도로 위축되었으나 1950년대에 들어와 구로사와 아키라(黒澤明 : 1910~1998년)감독이 <라쇼몽(羅生門)>과 <7인의 사무라이(七人の侍)>로 1951년과 1954년 베니스 국제영화제에서 수상하고, 미조구치 감독이 1952년부터 3년간 연속 은사자상을 수상하는 등 좋은 성적을 거두면서 활기가 되살아났다.

　　1970~1990년대에는 1969년에 첫 선을 보인 야마다 요지(山田洋次 : 1931~) 감독의 <남자는 괴로워(男はつらいよ)>와 같은 작품이 1995년까지 48편이나 시리즈로 만들어지면서 관객몰이를 하기도 하였지만, TV 보급이 본격화되면서 관객 수가 줄기 시작해 영화산업은 다시 움츠러들었다.

　　1997년 이마무라 쇼헤이(今村昌平 : 1926~2006년) 감독의 <우나기(うなぎ)>와 기타노 다케시(北野武 : 1947~) 감독의 <하나-비(HANA-BI)>가 국제 영화제에서 수상하는 등 잠시 활기를 띠기도 했지만, 일부 독립영화와 호러, 심령 영화 등이 선전한 외에는 여타 장르에 비해 전반적으로 저조한 상태에 있다.

기타노 다케시 감독의
<하나-비>

구로사와 아키라 감독의
<7인의 사무라이>

제3과

—

非常用リュックも置いてあります

비상용 배낭도 놓여 있습니다.

비상용 배낭도 놓여 있습니다.

제3과 | 非常用リュックも置いてあります

 **Part 1**

伊藤：韓国も、地震がありますか。

金：韓国はほとんどありません。伊藤さんは東京出身
　　ですよね。東京は地震が多いんですか。

伊藤：はい、そうですね。小さい頃から慣れていますけど。
　　家の家具は、倒れないように留めてあるし、
　　非常用リュックも置いてあります。

金　　：非常用リュックって、何ですか。

伊藤：かばんに、簡単な食べ物や水、携帯ラジオ、

　　　　手動充電器などが入れてあるんです。

金　　：わあ、いつもちゃんと準備してあるんですね。

語彙		
非常用(ひじょうよう) 비상용　　リュック 배낭, 'リュックサック'의 줄인 말　　　置(お)く 두다, 설치하다		

非常用(ひじょうよう) 비상용　　リュック 배낭, 'リュックサック'의 줄인 말　　　置(お)く 두다, 설치하다
地震(じしん) 지진　　ほとんど 거의　　出身(しゅっしん) 출신　　多(おお)い 많다
頃(ごろ/ころ) 경, 무렵　　慣(な)れる 익숙해지다　家具(かぐ) 가구　　　倒(たお)れる 넘어지다, 쓰러지다
～ように ～(하)도록　　留(と)める 고정시키다　簡単(かんたん)だ 간단하다　食(た)べ物(もの) 음식물
水(みず) 물　　携帯(けいたい)ラジオ 휴대용 라디오　　手動充電器(しゅどうじゅうでんき) 수동 충전기
ちゃんと 꼼꼼하게, 틀림없이, 잘　　　～など ～등　　準備(じゅんび) 준비

Part 2

木村：ユンミさん、急いでどこに行くんですか。

李　：ちょっと事務室に忘れ物をしたので取りに行くんです。

　　　まだ開いているかな…。

木村：さっき、電気がついていましたよ。行ってみましょう。

＊　　＊　　＊

李　：電気はついているけど、ドアに鍵がかかっていますね。

木村：本当ですね。ちょっと待ってみましょうか。

　　　何を忘れたんですか。

李　：財布です。お金はあまり入っていないけど。

Part 1

1 　～ ていますけど

① 小さいころから慣れていますけど。

② デスクトップの購入を考えていますけど。

③ 教師になりたいと思っていますけど。

2 　～ ないように

① 倒れないように留めてあります。

② 忘れないようにメモしておきます。

③ おなかをこわさないように気をつけましょう。

3 　～ てあります

① 非常用リュックも置いてあります。

② 教室の窓が開けてあります。

③ グラスがきれいに洗ってあります。

Part 2

4   まだ ～ ているかな

① まだ開いているかな…。

② まだ覚えているかな…。

③ まだ勉強しているかな…。

5   ～ てみましょうか

① ちょっと待ってみましょうか。

② 一つ食べてみましょうか。

③ こっちから電話してみましょうか。

어 휘		
デスクトップ 데스크톱	購入(こうにゅう) 구입	考(かんがえる) 생각하다
教師(きょうし)になる 교사가 되다	～と思(おも)う ～라고 생각하다	メモ 메모
おなかをこわす 배탈(이) 나다	気(き)をつける 조심하다, 주의하다	教室(きょうしつ) 교실
窓(まど) 창문	開(あ)ける 열다	グラス 유리컵
洗(あら)う 씻다	覚(おぼ)える 기억하다	こっち 이쪽

| | | きれいだ 깨끗하다, 아름답다 |

문법포인트 해설

① ~てある

동사의 て형 뒤에 「ある」가 보조동사로 쓰인 「~てある」는 누군가 행한 동작의 결과가 남아 있는 것, 즉 어떤 상태를 나타낸다. 타동사에만 붙는데, 이 때 앞의 조사 「を」는 「が」로 바뀐다.

携帯ラジオ、手動充電器などが入れてあるんです。
휴대용 라디오, 수동 충전기 등이 들어 있습니다.

또한, 상태를 나타내는 용법으로는 앞서 1과에서 다룬 바와 같이, 자동사에 「~ている」를 접속시켜 나타내는 경우도 있다. 즉, 상태는 「타동사＋てある」「자동사＋ている」의 두 가지 방법으로 나타낼 수 있다.

手動充電器などが入れてあります / 入っています。
수동 충전기 등이 들어 있습니다.
ドアに鍵がかけてあります / かかっています。
문이 잠겨 있습니다.

② ~よね

문말의 여러 가지 말에 붙어 화자의 판단, 주장 등을 나타내며 청자에게 동의를 구하는 뉘앙스를 띤다.

伊藤さんは東京出身ですよね。　이토씨는 도쿄출신이죠?

❸ ～ないように

우리말의 「～(하)지 않도록」에 해당되며, 뒤에 오는 동작이나 행위의 목적을 나타낸다.

家の家具は、倒れないように留めてあります。

집의 가구는 쓰러지지 않도록 고정되어 있습니다.

❹ ～ので (기출 : 레벨1-8과)

두 문장을 연결하여 앞의 문장이 뒤의 문장의 원인·이유가 되는 것을 나타낸다.

事務室に忘れ物をしたので取りに行くんです。

사무실에 물건을 두고 와서 가지러 가는데요.

❺ ～ましょう (기출 : 레벨1-10과)

「～ましょう」는 화자가 어떤 동작을 상대방과 함께 하는 것을 전제로 하여 권유할 때 사용하는데, 우리말의 「～(합)시다」에 해당된다.

行ってみましょう。　가 봅시다.

❻ ～ましょうか

「～ましょう」에 의문 종조사 「か」를 붙인 「～ましょうか」는 화자가 어떤 동작을 상대방과 함께 하는 것을 전제로 하는 점에서 「～ましょう」와 같으나, 상대방의 의향을 묻는 형태를 취하고 있으므로 더 정중한 느낌이 있다. 우리말의 「～(할)까요?」에 해당된다.

ちょっと待ってみましょうか。　잠깐 기다려볼까요?

1. 다음 단어를 각각 한자는 히라가나로, 히라가나는 한자로 바꾸세요.

1 非常用 ( ) **2** 地震 ( )

3 手動 ( ) **4** 倒れる ( )

5 購入 ( ) **6** しゅっしん ( )

7 なれる ( ) **8** いそぐ ( )

9 さいふ ( ) **10** きょうし ( )

2. 다음 보기와 같이 밑줄부에 긍정형 또는 부정형 중에서
   알맞은 것을 적어 넣으세요.

보기 ─────────

上手に _____ ように練習する。(できる)

➡ 上手に <u>できる</u> ように練習する。

_____ ようにメモしておく。 (忘れる)

➡ <u>忘れない</u> ようにメモしておく。

1 風邪を_____ように気をつけましょう。(引く)

➡ _____

2 時間に_____ように早く出発しましょう。(間に合う)

➡ _____

❸ 忘れ物を＿＿＿＿＿＿＿＿＿＿ようにしてください。(する)

➡ ＿＿＿＿＿＿＿＿＿＿＿＿＿＿＿＿＿＿＿

3. 다음 보기와 같이 문장을 만드세요.

보기

窓 / 開く　➡　窓が開<u>いています</u>。

窓 / 開ける　➡　窓が開<u>けてあります</u>。

❶ ミルク / 入れる　➡ ＿＿＿＿＿＿＿＿＿＿＿＿＿。

❷ 車 / 止まる　➡ ＿＿＿＿＿＿＿＿＿＿＿＿＿。

❸ 電気 / つく　➡ ＿＿＿＿＿＿＿＿＿＿＿＿＿。

❹ 名前 / 書く　➡ ＿＿＿＿＿＿＿＿＿＿＿＿＿。

4. 다음 우리말 문장을 일본어로 작문하세요.

❶ 테이블 위에 잡지가 놓여 있습니다.

➡ ＿＿＿＿＿＿＿＿＿＿＿＿＿＿＿＿＿＿＿

❷ 그 슈퍼 아직 열려 있을까?

➡ ＿＿＿＿＿＿＿＿＿＿＿＿＿＿＿＿＿＿＿

❸ 이번 노래는 함께 불러 볼까요?

➡ ＿＿＿＿＿＿＿＿＿＿＿＿＿＿＿＿＿＿＿

어휘 風邪(かぜ)を引(ひ)く 감기 걸리다　間(ま)に合(あ)う 시간에 대다　車(くるま) 차　止(と)まる 멈추다, 서다

　'만화(漫画)'라는 말은 근세 시대에도 있었으나 주로 '희화적인 그림'이라는 의미로 쓰이다가 명치유신 이후 기타자와 라쿠텐(北澤楽天 : 1876~1955년)이라는 만화가가 서양의 'comic'을 '漫画'로 번역하면서 현재와 같은 의미로 정착하게 되었다.

　일본의 만화는 특정 부분이 강조된 얼굴이나, 자극적인 의성어나 의태어를 사용한 독특한 과장표현, 땀이나 눈물이 뚝뚝 떨어지고 머리에서 김이 모락모락 오르는 등의 감정을 시각화한 심리묘사, 그리고 기상천외한 발상과 줄거리로 인해 동양에서는 물론 미국과 유럽에서도 절대적인 인기를 누리고 있다.

　<꽃보다 남자(花より男子)>나 <노다메 칸타빌레(のだめカンタービレ)>와 같은 소녀만화부터, <은하철도999(銀河鉄道999)>나 <아키라(AKIRA)>와 같은 SF, 그리고 판타지, 요리, 스포츠, 음악 등 나이와 취향에 맞춰 장르가 세분화되어 있는 일본의 만화는 끊임없이 기발하고 참신한 스토리를 만들어내 아니메(アニメ)나 영화의 소재로도 사용되고 있다.

일본의 만화들

제**4**과

電話で予約することもできます

전화로 예약하는 것도 가능합니다.

전화로 예약하는 것도 가능합니다.

제4과 │ 電話で予約することもできます

 Part 1

伊藤：木村さん、この近くで友達と一緒に勉強できる場所、

知りませんか。韓国語と日本語のエクスチェンジを

したいんですけど。

木村：僕が使っている所は、この近くのスタディールームですよ。

伊藤：スタディールーム?

木村：飲み物代だけで、3時間、小さい部屋を借りることが

できます。パソコンを使うこともできるし、コピー機も

あるし、すごく便利ですよ。

韓国にはこういう便利な場所が多いです。

伊藤：学生だけじゃなくて、社会人も、みんな
　　　勉強熱心ですよね。

木村：電話で予約することもできますよ。どうぞ。

伊藤：ありがとう。さっそく行ってみます。

어휘

予約(よやく) 예약　　できる 할 수 있다　　近(ちか)く 근처　　　一緒(いっしょ)に 함께, 같이
場所(ばしょ) 장소　　エクスチェンジ 익스체인지(exchange), 교환　　スタディールーム 스터디룸
飲(の)み物(もの)代(だい) 음료수 값　　～だけ ～만/뿐　　借(か)りる 빌리다
パソコン 컴퓨터, PC, パーソナルコンピューター의 줄인 말　　コピー機(き) 복사기
すごく 굉장히, 무척　　便利(べんり)だ 편리하다　　こういう 이런　　学生(がくせい) 학생
社会人(しゃかいじん) 사회인　　みんな 모두　　熱心(ねっしん) 열심　　さっそく 곧, 즉시

Part 2

(과 방에서)

木村：すみません、誰か中国語がわかる人、いませんか。

李　：どうしたんですか。

木村：去年、中国を旅行した時に友達になった人から
　　　Eメールが来たんですが、全部、中国語なんです！

李　：隣が中国語学科の部屋だから、誰かに聞けるかも
　　　しれません。そういえば、木村さん、確か
　　　第二外国語は中国語じゃなかったですか。

木村：実は、少し話せる程度で、まだまだ読めないし、
　　　書けないんです。

李　：そうなんですか。じゃ、ちょっと行ってみましょう。

어휘	中国語(ちゅうごくご) 중국어　　　去年(きょねん) 작년　　E(イー)メール 이메일　　全部(ぜんぶ) 전부
	隣(となり) 옆, 이웃　　　　　学科(がっか) 학과　　～かもしれない ～(할)지도 모른다
	そういえば 그러고 보니　　　確(たし)か (절대적이지는 않으나)분명히, 확실히, 아마
	第二外国語(だいにがいこくご) 제2외국어　　話(はな)す 말하다　程度(ていど) 정도　まだまだ 아직도

Part 1

1　～ ませんか

① 一緒に勉強できる場所、知りませんか。

② 間違って使っていませんか。

③ 100円玉ありませんか。

2　～ ことができます

① 小さい部屋を借りることができます。

② 駅まではマウルバスで行くことができます。

③ このコピー機は学生でも利用することができます。

Part 2

3　～ かもしれません

① 誰かに聞けるかもしれません。

② 木村さんは来ないかもしれません。

③ あの本は面白くないかもしれません。

4 確か ～ じゃなかったですか

① 確か第二外国語は中国語じゃなかったですか。

② 確かご趣味はスキーじゃなかったですか。

③ 確かきのうが誕生日じゃなかったですか。

5 가능동사 + ないんです

① まだまだ書けないんです。

② 全然泳げないんです。

③ 30分も走れないんです。

어휘			
間違(まちがう) 틀리다, 실수하다	100円玉(えんだま) 100엔짜리 동전	駅(えき) 역	マウルバス 마을버스
利用(りよう) 이용	面白(おもしろ)い 재미있다	趣味(しゅみ) 취미	
スキー 스키	きのう 어제	誕生日(たんじょうび) 생일	
全然(ぜんぜん) 전연, 전혀	泳(およ)ぐ 헤엄치다	走(はし)る 달리다	

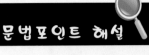

1 ～ませんか

부정형 「～ません」에 「か」를 붙여 의문문을 만들 수 있다. 권유를 나타내는 「～ませんか」와 형태는 같으나, 단순히 화자의 의문사항을 청자에게 묻는 표현이라는 점에서 다르다.

誰か中国語がわかる人、いませんか。 누구 중국어(를) 아는 사람 없어요?

2 ～ことができる

「できる」는 「する」의 가능동사이다. 모든 활용동사에 「～ことができる」를 접속하여 「～ (할) 수 있다」라는 가능표현을 만들 수 있다.

書く(쓰다) ➡ 書くことができる(쓸 수 있다) / 書くことはできない(쓸 수는 없다)
見る(보다) ➡ 見ることができる(볼 수 있다) / 見ることはできない(볼 수는 없다)
来る(오다) ➡ 来ることができる(올 수 있다) / 来ることはできない(올 수는 없다)

小さい部屋を借りることができます。 작은 방을 빌릴 수(가) 있습니다.
部屋を借りることはできません。 방을 빌릴 수는 없습니다.

3 ～だけじゃなくて

「だけ」는 「뿐, 만」이라는 한정의 의미를 나타낸다. 「ではなくて」의 축약형 「じゃなくて」가 붙은 「～だけじゃなくて」는 「～뿐(만) 아니라」라는 뜻이 된다.

学生だけじゃなくて、社会人も、みんな勉強熱心ですよね。
학생뿐만 아니라 사회인도 모두 열심히 공부하는군요.

④ **～かもしれない**

다양한 말에 붙어 불확실하지만 성립 가능성이 있음을 나타내는 말로, 우리말의 「～지(도) 모른다」에 해당된다.

　　誰かに聞けるかもしれません。　누군가에게 물을 수 있을지(도) 모릅니다.

⑤ **～じゃなかったですか**

화자가 어떤 사항에 대한 자신의 추측 또는 떠올린 내용을 청자에게 확인하는 용법이다. 「確か(아마, 분명)」와 같이 쓰여서 「혹시 ～가 아니었던가요?」 정도로 해석된다.

　　木村さん、確か第二外国語は中国語じゃなかったですか。
　　기무라씨, 혹시 제2외국어는 중국어(가) 아니었던가요?

⑥ **가능동사**

모든 활용 동사에 「～ことができる」를 붙여 만드는 가능표현 외에, 5단동사의 경우는 어미 「u(ウ단)」를 「e(エ단)」로 고친 뒤에 「る」를 접속시켜 만든 가능동사로도 가능을 표현할 수 있다. 가능동사는 1단동사화하는데 불가능은 「～ない」를 붙여 나타낸다. (1단동사의 경우는 제7과 참조)

　　読む(읽다)　⇨　読める(읽을 수 있다) / 読めない(읽을 수 없다)
　　書く(쓰다)　⇨　書ける(쓸 수 있다)　 / 書けない(쓸 수 없다)
　　話す(말하다) ⇨　話せる(말할 수 있다) / 話せない(말할 수 없다)

　　誰かに聞けるかもしれません。　　　누군가에게 물을 수 있을지 모릅니다.
　　まだまだ読めないし、書けないんです。　아직 읽을 수 없고, 쓸 수 없습니다.

연습문제

1. 다음 단어를 각각 한자는 히라가나로, 히라가나는 한자로 바꾸세요.

1 予約　　（　　　　　　）　**2** 熱心　　　（　　　　　　）

3 借りる　（　　　　　　）　**4** 隣　　　　（　　　　　　）

5 確か　　（　　　　　　）　**6** ばしょ　（　　　　　　）

7 ていど　（　　　　　　）　**8** しゃかいじん（　　　　　　）

9 まちがう（　　　　　　）　**10** りょう　（　　　　　　）

2. 다음 보기와 같이 가능동사(히라가나)로 고치세요.

보기
> 読む　➡　よめる

1 作る　➡　＿＿＿＿＿＿＿　**2** 走る　➡　＿＿＿＿＿＿＿

3 会う　➡　＿＿＿＿＿＿＿　**4** 遊ぶ　➡　＿＿＿＿＿＿＿

5 帰る　➡　＿＿＿＿＿＿＿　**6** 持つ　➡　＿＿＿＿＿＿＿

7 乗る　➡　＿＿＿＿＿＿＿　**8** 休む　➡　＿＿＿＿＿＿＿

9 話す　➡　＿＿＿＿＿＿＿　**10** 泳ぐ　➡　＿＿＿＿＿＿＿

3. 다음 보기와 같이 문장을 만드세요.

보기
日本の歌、歌います
➡ 日本の歌を歌うことができます。

① 韓国の料理、作ります

➡ _____

② 英語、話します

➡ _____

③ 辛いもの、食べます

➡ _____

4. 다음 우리말 문장을 일본어로 작문하세요.

① 오늘은 아르바이트가 없어요?

➡ _____

② 저는 못 갈지 모릅니다.

➡ _____

③ 그 유학생은 혹시 몽고(モンゴル)사람이 아니었던가요?

➡ _____

어휘 歌(うた) 노래   歌(うた)う 노래 부르다   料理(りょうり) 요리   英語(えいご) 영어   辛(から)い 맵다

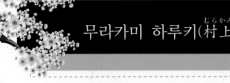
현대 일본이 낳은 세계적인 인기 작가로 1979년에 <바람의 노래를 들어라(風の歌を聴け)>로 데뷔하여 <상실의 시대(ノルウェイの森)>, <해변의 카프카(海辺のカフカ)>, <1Q84> 등 수많은 장단편의 소설과 번역, 수필 등을 발표하였다.

초기에는 사회에 무관심하고 자기만의 라이프스타일을 고수하는 인물을 그린 소설이 주류를 이루었으나 1995년에 발생한 도쿄 지하철 사린가스 사건을 계기로 사회문제에 관심을 갖고 대응하는 주인공을 등장시켜 주목을 받고 있다.

길고 내용이 난해한데도 쉽게 읽히는 평이한 문장과 독특한 화법으로 인해 폭넓은 독자층을 확보하고 있는데 최근에는 일본 국내보다도 오히려 해외에서 더 높은 인기와 평가를 받고 있으며 노벨 문학상 후보로도 거론되고 있다.

마라톤과 트라이애슬론으로 건강을 관리하고 음악과 고양이 사랑으로 유명한 하루키는 동시대의 작가나 예술가들에게 많은 영감을 주어 최근에는 그의 문체나 감성에 영향을 받은 이른바 <하루키 칠드런>이라 불리는 세대를 출현시켰는데 우리나라에서도 인기 있는 일본의 작가 이사카 코타로(伊坂幸太郎)나 혼다 타카요시(本多孝好) 그리고 홍콩의 영화감독 왕가위(王家衛) 등이 그 대표적인 인물로 꼽힌다.

무라카미 하루키의
데뷔작 <바람의 노래를 들어라>와 최근작 <1Q84>

제5과

携帯電話で話してはいけません

휴대폰으로 이야기해서는 안 됩니다.

휴대폰으로 이야기해서는 안 됩니다.

제5과 | 携帯電話で話してはいけません

Part 1

李 ：木村さん、日本は携帯マナーが厳しいんでしょう？

木村：そうですね。バスや地下鉄で、携帯電話で話しては
いけません。

李 ：でも、急いでいる時は、携帯で話したいですけど。

木村：そうですね。それで、子供も学生も大人も、
みんな一生懸命、携帯メールをしていますよ。
でも、「優先席」の近くでは、メールもしては
いけません。電源を切らなければなりません。

李　：韓国の方が自由でいいなあ。必要な時は使ってもいいし。

木村：そうですね。でも、これから韓国も変わるかもしれませんよ。

어휘			
携帯電話(けいたいでんわ) 휴대전화, 휴대폰		～てはいけない ～(해)서는 안 된다	
マナー 매너	厳(きび)しい 엄하다	バス 버스	地下鉄(ちかてつ) 지하철
でも 그래도	それで 그래서	子供(こども) 아이	大人(おとな) 어른
一生懸命(いっしょうけんめい) 열심히		優先席(ゆうせんせき) 우선석, 노약자석	
電源(でんげん)を切(き)る 전원을 끄다		～なければならない ～(하)지 않으면 안 된다, ～해야 한다	
方(ほう) 쪽	自由(じゆう)だ 자유롭다	～なあ ～(하)구나	変(か)わる 바뀌다, 변하다

金：伊藤さん、寮の生活はどうですか。

伊藤：部屋もきれいだし、ルームメートも面白い人だし、

　　　いいですよ。

金：規則は厳しいですか。

伊藤：夜遅く騒いだり、友達を泊めたりしてはいけません。

　　　それから部屋でペットを飼ってはいけません。

　　　それくらいかな。

金：今度木村さんと一緒に遊びに行ってもいいですか。

伊藤：あ、異性が入っては絶対だめです!

어 휘	寮(りょう) 기숙사	生活(せいかつ) 생활	規則(きそく) 규칙	ルームメート 룸메이트, 한 방 친구
	夜(よる) 밤	遅(おそ)い 늦다	騒(さわ)ぐ 떠들다	泊(と)める 묵게 하다, 재우다
	それから 그리고	ペット 애완동물	飼(か)う 기르다	くらい 정도
	今度(こんど) 이번, 다음	異性(いせい) 이성	絶対(ぜったい) 절대	だめだ 안 된다, 소용없다

Part 1

1 ～んでしょう?

① 日本は携帯マナーが厳しいんでしょう?

② あの人はとても親切なんでしょう?

③ 日本も5月5日は子供の日なんでしょう?

2 ～てはいけません

① 携帯電話で話してはいけません。

② 芝生の中に入ってはいけません。

③ 優先席に座ってはいけません。

3 ～なければなりません

① 電源を切らなければなりません。

② 図書館では静かにしなければなりません。

③ 会員になるためには、申込書を出さなければなりません。

Part 2

4　～ てもいいですか

① 遊びに行ってもいいですか。

② 後でやってもいいですか。

③ 妹を連れて来てもいいですか。

5　～ てはだめです

① 異性が入っては絶対だめです。

② スクールゾーンでスピードを出してはだめです。

③ 毎日お酒を飲みすぎてはだめです。

語彙			
とても 매우, 아주	親切(しんせつ)だ 친절하다	子供(こども)の日(ひ) 어린이날
芝生(しばふ) 잔디밭	座(すわ)る 앉다	図書館(としょかん) 도서관
静(しず)かだ 조용하다	会員(かいいん) 회원	申込書(もうしこみしょ) 신청서
やる 하다, 행하다	妹(いもうと) 여동생	連(つ)れて来(く)る 데리고 오다
スクールゾーン 스쿨존	スピードを出(だ)す 스피드를 내다	お酒(さけ) 술
飲(の)みすぎる 너무 마시다, 과음하다		

1 ～んでしょう?

「～でしょう」는「です」의 추량형인데 상승조의 인토네이션으로 사용하면 상대방에게 확인이나 동의를 구하는 표현이 된다.

木村さん、日本は携帯マナーが厳しいんでしょう?
기무라씨, 일본은 휴대폰 매너가 엄격하지요?

2 ～てはいけません

「～てはいけない」는 동사의 て형에 접속하여「～(해)서는 안 된다」라는 금지의 뜻을 나타낸다.

携帯電話で話してはいけません。 휴대폰으로 이야기해서는 안 됩니다.

3 ～なければなりません

「～なければならない」는 동사의 て형에 접속하여「～(하)지 않으면 안 된다 / ～(해)야(만) 한다」라는 의무, 필요성을 나타낸다.

電源を切らなければなりません。 전원을 끄지 않으면 안 됩니다 / 꺼야(만) 합니다.

4 ～てもいいです

「～てもいい」는 동사의 て형에 접속하여 「～ (해)도 좋다, ～ (해)도 된다」라는 허가, 허용의 뜻을 나타낸다. 의문형 조사 「か」를 접속한 「～てもいいですか」는 상대방에게 허가를 구하는 표현이 된다.

遊びに行ってもいいですか。　놀러가도 좋습니까 / 됩니까?

5 ～てはだめです

「～てはだめだ」는 「～てはいけない」와 마찬가지로 「～ (해)서는 안 된다」라는 금지의 뜻을 나타낸다.

異性が入っては絶対だめです。　이성이 들어와서는 절대 안 됩니다.

연습문제

1. 다음 단어를 각각 한자는 히라가나로, 히라가나는 한자로 바꾸세요.

1 携帯 (　　　　　) **2** 厳しい (　　　　　　　)

3 優先席 (　　　　　) **4** 泊める (　　　　　　　)

5 騒ぐ (　　　　　) **6** でんげん (　　　　　　　)

7 きそく (　　　　　) **8** もうしこみしょ (　　　　)

9 しばふ (　　　　　) **10** いせい (　　　　　　　)

2. 다음 보기와 같이 고치세요.

보기

優先席に座る

➡ 優先席に座ってはいけません。

1 ここで騒ぐ

➡ _____

2 宿題を忘れる

➡ _____

3 先に帰る

➡ _____

3. 다음 보기와 같이 고치세요.

> 遊びに行く
>
> ➡ 遊びに行っ<u>てもいいですか</u>。

① ドアを閉^しめる

➡ _____

② 辞書^{じ しょ}を使う

➡ _____

③ 今晩^{こんばん}、電話をする

➡ _____

 4. 다음 우리말 문장을 일본어로 작문하세요.

① 이 떡볶이(トッポッキ) 맛있지요?

➡ _____

② 반드시(必^{かなら}ず) 전화번호와 주소를 써야 합니다.

➡ _____

③ 이 책을 전부 복사해서는 절대 안 됩니다.

➡ _____

 先(さき)に 먼저　閉(し)める 닫다　辞書(じしょ) 사전　今晩(こんばん) 오늘밤

와카모노 코토바(若者言葉)란 1) 특정 접두어를 붙여 기분을 강조하거나, 2) 단어를 줄이기도 하고, 3) 알파벳으로 표기한 문장의 머리글자만을 사용하는가 하면, 4) 원래의 의미와 다르게 사용하는 등 기존의 말을 비틀어 만든 유행어를 말하는데, 주로 30세 이하의 젊은이들이 즐겨 사용하는 점이 특징이다.

이를테면 '超かわいい(무지 귀여워)', 'めっちゃ面白い(끝내주게 재미있어)' 등과 같이 '超'나 'めっちゃ'를 붙여 기분이나 감정을 강조하는 케이스, '恥ずかしい(부끄럽다)' → 'ハズい', '気持悪い(기분 나쁘다)' → 'キモい'와 같이 음절을 줄여 사용하는 케이스, 空気読めない(분위기 파악 못한다) → KY(Kuuki Yomenai), マジ切れファイブ(진짜 폭발 5초전) → MK5(Maji Kire Five)와 같이 알파벳 표기를 이용한 케이스, '全然上手い(엄청 잘한다)'의 '全然'과 같이 원래의 의미와 다르게 사용하는 케이스 등 실로 기발하고 다양한 방법들이 동원되고 있다.

친한 사람들 사이에서 의미전달을 신속히 하고 연대감을 높이는 장점도 있지만 동일 그룹이 아니면 뜻이 통하지 않는 폐쇄성과 함께 언어파괴가 문제점으로 지적되고 있다.

KY式 日本語 *

* 출처 : http://image-search.yahoo.co.jp/search?p=KY%E8%AA%9E&ei=

커뮤니케이션을 위한 캠퍼스 일본어 Level 2

제6과

写真を撮ったり録音したり
しないでください

사진을 찍거나 녹음하거나 하지 말아 주세요.

사진을 찍거나 녹음하거나 하지 말아 주세요.

제6과 | 写真を撮ったり録音したりしないでください

 Part 1

（콘서트홀 입구에서）

李　：この歌手は今韓国ですごく人気があります。

木村：日本人のお客さんも多いですね。

係員：コンサート中は、絶対に写真を撮ったり録音したり

　　　しないでください。

　　　携帯電話の電源も切ってください。

李　：すみません。飲み物を持って入ってもいいですか。

係員：あ、だめです。こちらに捨ててください。

李　　：わかりました。木村さん、中に入りましょう。

木村：僕、ちょっとトイレに行って来ます。

李　　：もうすぐ始まりますよ。遅れないでくださいね。

어휘					
写真(しゃしん) 사진	撮(と)る 찍다	録音(ろくおん) 녹음	歌手(かしゅ) 가수
人気(にんき) 인기	お客(きゃく)さん 손님	係員(かかりいん) 담당자	コンサート 콘서트
持(も)って入(はい)る 가지고 들어가다	こちら 이쪽	捨(す)てる 버리다
トイレ 화장실	もうすぐ 이제 곧	始(はじ)まる 시작되다	遅(おく)れる 늦다, 지각하다

Part 2

（일본에서 걸려온 국제전화）

母（はは）　：もしもし、孝太（こうた）、元気（げんき）なの?

木村（きむら）：あ、お母（かあ）さん、電話（でんわ）ありがとう。元気、元気。

母　　：ずっと連絡（れんらく）がないから、心配（しんぱい）してたのよ。
　　　　時々（ときどき）、電話ぐらいしなさい。

木村　：ごめんなさい。これからは気（き）をつけます。

母　　：食事（しょくじ）は? ラーメンばかりじゃなくて、野菜（やさい）もたくさん
　　　　食（た）べなさいよ。

木村　：韓国（かんこく）は食堂（しょくどう）でおいしいおかずがたくさんサービスで
　　　　出（で）るから、栄養（えいよう）はちゃんととっているよ。
　　　　お父（とう）さんは元気?

母　　：今（いま）、電話をかわるから、ちょっと待（ま）ちなさい。
　　　　お父さーん!

어휘			
母(はは) 어머니	お母(かあ)さん 어머니	もしもし 여보세요	元気(げんき)だ 건강하다
ずっと 줄곧, 훨씬	連絡(れんらく) 연락	心配(しんぱい) 걱정	時々(ときどき) 때때로, 가끔
～なさい ～(해)라	ごめんなさい 미안합니다	食事(しょくじ) 식사	ラーメン 라면
野菜(やさい) 채소	ばかり ～만/뿐	食堂(しょくどう) 식당	おかず 반찬
サービス 서비스	出(で)る 나오다, 나가다	栄養(えいよう)をとる 영양을 섭취하다	
お父(とう)さん 아버지	電話(でんわ)をかわる 전화바꾸다		

Part 1

1　～てください

① 携帯電話の電源を切ってください。

② 次の駅で乗り換えてください。

③ 宿題は金曜日までに出してください。

2　～ないでください

① 写真を撮ったり録音したりしないでください。

② ここには何も書かないでください。

③ 運転中に携帯は使わないでください。

Part 2

3　～ぐらい　～なさい

① 時々、電話ぐらいしなさい。

② 新聞ぐらい読みなさい。

③ 自分の部屋ぐらい自分で掃除しなさい。

4 ～ばかりじゃなくて、～

① ラーメンばかりじゃなくて、野菜もたくさん食べなさいよ。

② 韓国人ばかりじゃなくて、外国人も多く参加した。

③ 男子ばかりじゃなくて、女子の試合も面白い。

어 휘	運転(うんてん) 운전	次(つぎ) 다음	乗(の)り換(か)える 바꿔 타다, 환승하다	
	新聞(しんぶん) 신문	自分(じぶん) 자기	外国人(がいこくじん) 외국인	参加(さんか) 참가
	男子(だんし) 남자	女子(じょし) 여자	試合(しあい) 시합	

1 ~てください

「ください(주십시오/주세요)」는 「くださる(주시다)」의 명령형이다. 동사에 「~てください」가 접속하면 상대방에게 어떤 행위를 해줄 것을 정중하게 요구(지시) 또는 의뢰하는 표현이 된다. 하지만 손윗사람에게는 사용하기 어렵다.

こちらに捨ててください。 이쪽에 버려주세요.

2 ~ないでください

「~てください」가 상대방에게 어떤 행위를 해 줄 것을 요구하거나 의뢰하는 표현인데 반하여, 상대방에게 어떤 행위를 하지 말 것을 지시하거나 의뢰하는 표현이다.

録音したりしないでください。 녹음하거나 하지 말아 주세요.

3 ~ぐらい

「ぐらい/くらい」는 수량을 나타내는 말에 붙어서 대략 그 정도인 것을 나타낸다.

30分ぐらいかかります。 30분정도 걸립니다.

그밖에 어떤 사항을 「중요하지 않다, 별거 아니다」라고 하는 기분을 나타내 「그런 간단한 일」이라는 의미를 포함하는 경우가 있다. 본과의 예는 이 용법이다.

時々、電話ぐらいしなさい。 가끔 전화 정도는 해라.

④   ～なさい

「なさい」는 「する(하다)」의 존경어 「なさる(하시다)」의 명령형으로 상대방에게 어떤 행위를 해줄 것을 요구하는 명령표현을 만든다. 동사 자체의 명령형에 비해 부드러운 어조를 띠지만, 손윗사람에게는 사용할 수 없다. 동사의 ます형에 접속된다.

ちょっと待ちなさい。 잠깐 기다려(라).

⑤   ～ばかりじゃなくて

「ばかり」는 「だけ」와 마찬가지로 「뿐, 만」이라는 한정의 의미를 나타낸다. 「ではなくて」의 축약형 「じゃなくて」가 붙은 「～ばかりじゃなくて」는 「～뿐(만) 아니라」라는 뜻이 된다.

ラーメンばかりじゃなくて、野菜もたくさん食べなさいよ。
라면만 먹지 말고 야채도 많이 먹어라.

⑥   ～から (기출 : 레벨1-7과)

화자가 주체적으로 행하는 주장, 추측, 의지, 의뢰 등의 이유 「～(이)니까」라는 의미를 나타낸다.

電話をかわるから、ちょっと待ちなさい。 전화 바꿀 테니(까) 기다려(라).

6 가족명칭

일본어에서는 남의 가족을 말할 때와 남에게 자기 가족을 말할 때(지칭), 자기 가족을 부를 때(호칭) 다음과 같이 구별하여 사용한다.

	남의 가족을 말할 때	남에게 자기 가족을 말할 때(지칭)	자기 가족을 부를 때 (호칭)
할아버지	お祖父さん	祖父	お祖父さん / お祖父ちゃん
할머니	お祖母さん	祖母	お祖母さん / お祖母ちゃん
아버지	お父さん	父	お父さん
어머니	お母さん	母	お母さん
형, 오빠	お兄さん	兄	お兄さん / お兄ちゃん
누나, 언니	お姉さん	姉	お姉さん / お姉ちゃん
남동생	弟さん	弟	이름(ちゃん / くん)
여동생	妹さん	妹	이름(ちゃん)

연습문제

1. 다음 단어를 각각 한자는 히라가나로, 히라가나는 한자로 바꾸세요.

1 録音 （　　　　　）　**2** 捨てる （　　　　　）

3 連絡 （　　　　　）　**4** 運転中 （　　　　　）

5 野菜 （　　　　　）　**6** かしゅ （　　　　　）

7 しゃしん （　　　　　）　**8** しんぱい （　　　　　）

9 えいよう （　　　　　）　**10** しあい （　　　　　）

2. 다음 보기와 같이 문장을 만드세요.

> 보기
>
> 暗くなった / 電気をつける
> ➡ 暗くなりましたから、電気をつけてください。
> まずい / 食べる
> ➡ まずいですから、食べないでください。

1 暑くなった / 窓を開ける

➡ _____

2 危ない / 触る

➡ _____

③ 見えない / 座る

➡ _____

④ 時間がある / 急ぐ

➡ _____

3. 다음 보기와 같이 고치세요.

> 보기 ─────────────
>
> 本を読む ➡ 本をよみなさい。

① 早く帰る

➡ _____

② 軽い方を買う

➡ _____

③ ちょっと待つ

➡ _____

4. 다음 우리말 문장을 일본어로 작문하세요.

 다음 주의 약속 잊지 마세요.

➡ _____

 먼저 손을 씻고 와라.

➡ _____

 복습뿐만 아니라 예습도 하는 게 좋아요.

➡ _____

어 휘	暗(くら)い 어둡다	まずい 맛없다	暑(あつ)い 덥다	危(あぶ)ない 위험하다
	触(さわ)る 만지다	見(み)える 보이다	무(はや)く 빨리, 급히	軽(かる)い 가볍다

우리의 메밀에 해당하는 소바(そば)가 일본에 전래된 것은 고대 시대였으나 오랫동안 메밀가루에 물을 부어 그냥 저어서 먹었다고 한다*. 그러던 것이 일설에 의하면 메밀을 면으로 만드는 방법을 전한 것은 조선에서 건너간 천진(天珍)이라는 승려로, 나라(奈良)의 도다이지(東大寺)에서 메밀가루에 밀가루를 섞어 면으로 만들어서 먹는 법**을 전수한 후부터 널리 알려져 보급되었다고 한다.

소바는 먹는 방법에 따라 여러 종류로 나뉘는데, 삶아서 찬물에 식힌 면을 채반에 담아 무와 파, 고추냉이(わさび)를 넣은 간장(つゆ)에 찍어서 먹는 모리소바(盛りそば)와, 면 위에 가늘게 썬 김을 얹어 간장에 찍어 먹는 자루소바(ざるそば), 그리고 삶은 면을 그릇에 담아 장국을 부어 먹는 가케소바(かけそば) 등으로 나뉜다.

한편, 우동(うどん)은 고대 시대에 중국에서 전래되었다고 전해지고 있는데, 역시 먹는 방법에 따라 삶은 면을 찬물에 식혀 간장에 찍어 먹는 자루우동(ざるうどん), 삶은 면에 장국을 붓고 가늘게 썬 파를 얹어 먹는 가케우동(かけうどん), 면에 고기와 야채를 넣고 볶은 다음 간장으로 맛을 낸 야키우동(焼きうどん) 등의 종류가 있다. 또한 장국에 넣는 재료에 따라 튀김 부스러기를 넣은 것을 다누키우동(たぬきうどん), 유부를 넣은 것을 기쓰네우동(きつねうどん)이라 부르고 있다.

모리소바

자루우동

* 이를 소바가키(そばがき)라 부른다.
** 가늘게 잘라 먹는다 하여 소바키리(そば切り)라고 한다.

제7과

そろそろ就職活動を
始めようと思って

슬슬 취직활동을 시작하려고 해.

슬슬 취직활동을 시작하려고 해.

제7과 | そろそろ就職活動を始めようと思って

 **Part 1**

朴 ：孝太、僕、来学期からあまりバンドの練習
　　来られないんだ。

木村：え、どうして?

朴 ：そろそろ就職活動を始めようと思って…。
　　新聞社のインターンシップに応募するつもりなんだ。

木村：新聞社か。すごいね。

朴 ：もちろん、他の会社にもたくさんエントリーする
　　つもりだよ。今は本当に就職が厳しいからね。

木村：そうだね。でも、さびしくなるなあ。

朴　：時々は連絡するから、また一緒に飲もう。

어휘			
そろそろ 이제 곧, 슬슬	就職活動(しゅうしょくかつどう) 취직활동	始(はじ)める 시작하다
来学期(らいがっき) 다음 학기	バンド 밴드, 악단	新聞社(しんぶんしゃ) 신문사
インターンシップ 인턴십, (회사 등의) 실습훈련기간	応募(おうぼ) 응모	つもり 생각, 작정
すごい 대단하다	もちろん 물론	他(ほか)の 다른	会社(かいしゃ) 회사
エントリー 엔트리, (경기 등의) 참가신청, 응모	さびしい 쓸쓸하다	また 또

伊藤：金さん、何を見ているんですか。

金　：ホームステイ参加募集のポスターです。

　　　冬休みに日本に行こうと思っているんですけど、

　　　これ、ちょうどいいでしょう?

伊藤：普通の観光旅行より、楽しいと思いますよ。

金　：伊藤さん、冬休みはどうするんですか。

伊藤：お正月に、日本へ帰るつもりです。

　　　李さんも遊びに来る予定です。

金　：本当ですか。じゃあ、僕たち、日本で集合できるかも

　　　しれませんね!

伊藤：ぜひ会いましょう!

어휘			
ホームステイ 홈스테이	募集(ぼしゅう) 모집	ポスター 포스터	ちょうど 마침, 알맞게
普通(ふつう) 보통	観光(かんこう) 관광	～より ～보다	楽(たの)しい 즐겁다
お正月(しょうがつ) 설, 정월	予定(よてい) 예정	僕(ぼく)たち 우리들	集合(しゅうごう) 집합
ぜひ 꼭, 부디			

Part 1

1　～られないんだ

① 来学期からあまりバンドの練習来られないんだ。

② そんなに早くは起きられないんだ。

③ 辛いものはあまり食べられないんだ。

2　～(よ)うと思って

① そろそろ就職活動を始めようと思って…。

② 夏休みにまた来ようと思って…。

③ 一番安いのを買おうと思って…。

3　～つもりなんだ

① インターンシップに応募するつもりなんだ。

② これからはちゃんと朝食をとるつもりなんだ。

③ スペイン旅行のために、スペイン語を習うつもりなんだ。

4 〜より、〜と思いますよ

① 普通の観光旅行より、楽しいと思いますよ。

② 中国語が日本語より、難しいと思いますよ。

③ インスタントラーメンより、おいしいと思いますよ。

5 〜予定です

① 李さんも遊びに来る予定です。

② 今月末、引越しする予定です。

③ 今夜のテレビで放送予定です。

어휘			
そんなに 그렇게, 그토록	起(お)きる 일어나다	もの 물건, 것	夏休(なつやす)み 여름방학
安(やす)い 값이 싸다	一番(いちばん) 가장	朝食(ちょうしょく)をとる 아침식사를 하다	
スペイン 스페인	〜ために 〜위해서	難(むずか)しい 어렵다	インスタント 인스턴트
今月末(こんげつまつ) 이번달 말	引越(ひっこ)し 이사	今夜(こんや) 오늘 밤	放送(ほうそう) 방송

① ～られる (가능)

　모든 활용 동사에 「～ことができる」를 붙여 가능표현을 만들 수 있는데, 그밖에 1단동사와 「来る」의 경우는 ない형에 「～られる」를 붙여 가능을 표현할 수 있다. 불가능은 「～られない」로 나타낸다.

起きる(일어나다) ➡ 起きられる(일어날 수 있다) ➡ 起きられない(일어날 수 없다)

食べる(먹다) ➡ 食べられる(먹을 수 있다) ➡ 食べられない(먹을 수 없다)

来る(오다) ➡ 来られる(올 수 있다) ➡ 来られない(올 수 없다)

来学期からあまりバンドの練習来られないんだ。
다음 학기부터 밴드 연습 자주 못 올 거야.

② (よ)う(의지)형

　「～(よ)う」는 동사에 접속하여 화자의 의지를 나타내는 의지형 「～(해)야지」을 만든다. 5단동사는 어미 「u(ウ단)」를 「o(オ단)」로 바꿔 「う」를 붙이고, 1단동사는 「る」를 빼고 「よう」를 붙이면 의지형이 된다. 변격동사 「来る」와 「する」의 의지형은 각각 「来よう」 「しよう」가 된다.

書く(쓰다) ➡ 書こう(써야지)　帰る(돌아오다/가다) ➡ 帰ろう(돌아와야지/가야지)

見る(보다) ➡ 見よう(봐야지)　教える(가르치다) ➡ 教えよう(가르쳐야지)

来る(오다) ➡ 来よう(와야지)　する(하다) ➡ しよう(해야지)

　(よ)う형은 또한 「～(하)자」라는 권유의 의미로 쓰이기도 한다.

　また一緒に飲もう。　같이 또 마시자.

③　～ようと思って

의지형 「～(よ)う」에 「と思って」를 접속시켜 주체가 어떤 하고자 하는 의지를 가지고 있음을 나타낸다.

そろそろ就職活動を始めようと思って…。　슬슬 취직활동을 시작하려고 해(서).

④　～つもりなんだ

「～(할) 생각 / 작정 / 셈이다」라는 화자 또는 제삼자의 의지, 의향을 나타낸다.

新聞社のインターンシップに応募するつもりなんだ。
신문사 인턴십에 응모할 생각이야.

연습문제

1. 다음 단어를 각각 한자는 히라가나로, 히라가나는 한자로 바꾸세요.

① お正月　（　　　　　　　　）　**②** 就職　　　（　　　　　　　　）

③ 募集　　（　　　　　　　　）　**④** 集合　　（　　　　　　　　）

⑤ 観光旅行（　　　　　　　　）　**⑥** らいがっき（　　　　　　　　）

⑦ はじめる（　　　　　　　　）　**⑧** しんぶんしゃ（　　　　　　　）

⑨ よてい　（　　　　　　　　）　**⑩** かつどう　（　　　　　　　　）

2. 다음 보기와 같이 고치세요.

보기 ─────────────────────────────

食べる　➡　たべ<u>られない</u>

─────────────────────────────

① 着る　➡ ＿＿＿＿＿＿＿　**②** 教える ➡ ＿＿＿＿＿＿＿

③ 起きる ➡ ＿＿＿＿＿＿＿　**④** 寝る　➡ ＿＿＿＿＿＿＿

⑤ 忘れる ➡ ＿＿＿＿＿＿＿　**⑥** 来る　➡ ＿＿＿＿＿＿＿

⑦ 開ける ➡ ＿＿＿＿＿＿＿　**⑧** 見る　➡ ＿＿＿＿＿＿＿

3. 다음 ( ) 속에 알맞은 조사를 넣어 보기와 같이 만드세요.

보기
次の夏休みに日本（　　）行きます。
➡ 次の夏休みに日本へ行くつもりです。

① 来年はイギリス（　　　　）英語を勉強します。

➡ _____

② 来年、彼女（　　　　）結婚します。

➡ _____

③ 読んだ漫画は友達（　　　　）あげます。

➡ _____

4. 다음 우리말 문장을 일본어로 작문하세요.

① 주말에는 축구시합(サッカーの試合)을 보려고 생각중입니다.

➡ _____

② 이 시간은 택시(タクシー)보다 지하철 쪽이 빠를 겁니다.

➡ _____

③ 일요일은 스키 타러 갈 예정입니다.

➡ _____

어휘　イギリス 영국　　彼女(かのじょ) 그녀　　結婚(けっこん) 결혼　　漫画(まんが) 만화　　あげる 주다

교토(京都)

교토(京都)는 794년부터 1868년까지 무려 천년이 넘게 일본의 서울이었던 도시이다.

간무(桓武) 천황이 794년에 나라(奈良)에서 이곳으로 천도한 이후 교토는 정치와 문화의 중심지였으나 무인정권(幕府)이 등장한 이후부터는 정치적 기능을 상실하고, 문화와 예술의 수도로서만 기능을 담당해 왔다. 그래서 근세 이후 정치적 중심지였던 관동 지방에서는 교토를 포함한 긴키(近畿) 지방을 가미가타(上方: 임금이 계시는 곳)라 불렀고 이곳에서 생산되는 문물을 명품으로 우대했다. '하찮다', '시시하다'를 뜻하는 '下らぬ(下らない)'라는 말은 가미가타, 즉 교토에서 내려온 물건이 아니라는 의미에서 나온 말로써 교토의 문화적 우위성을 보여주는 말이다.

역사적 유물이 많이 남아 있는 교토 일대에는 기요미즈데라(清水寺), 긴카쿠지(金閣寺), 료안지(龍安寺) 등 유네스코의 세계문화유산으로 지정된 사찰과 신사가 17곳이나 있으며, 970년부터 이어져 온 '祇園祭'(무형문화유산으로 지정)를 비롯하여, '葵祭', '時代祭' 등의 전통축제가 이어져오고 있다.

교토의 무희(舞子)

긴카쿠지(金閣寺)

제8과

—

新しい日本人留学生が到着したようですよ

새로 일본인 유학생이 도착한 것 같아요.

새로 일본인 유학생이 도착한 것 같아요.

제8과 | 新しい日本人留学生が到着したようですよ

李 : 木村さん、新しい日本人留学生が到着した
ようですよ。さっき、正門の前に、大きい
スーツケースを持った人が何人かいました。

木村 : そうですか。じゃあ、僕ちょっと寮に行って、
手伝って来ます。

李 : 後で、紹介してくださいね。

木村：もちろん。あ、そうだ。伊藤さんから聞いたけど、

今週土曜日に、新しい留学生の歓迎会が

あるそうです。一緒に行きましょう。

李　：ええ、土曜日なら行けます。どんな人たちか、

楽しみですね。

Part 2

伊藤 ： 金さん、その顔の傷、どうしたんですか。

金　 ： 昨日、木村君たちとお酒飲んだんですけど、

その時どこかにぶつけたようなんです。

伊藤 ： 覚えていないんですか。

金　 ： 三次回でカラオケに行ったところまでは

覚えているんだけど…。木村君の話では、

僕、帰りのタクシーでも暴れたらしいんです。

伊藤 ： どうしてそんなに飲んだんですか。

金　 ： 実は先週、彼女と別れたんです。

어휘	顔(かお) 얼굴　　傷(きず) 상처	ぶつける 부딪치다	三次回(さんじかい) (식사, 술자리 등의) 3차
	カラオケ 가라오케, 노래방	話(はなし) 이야기, 말	帰(かえ)り 귀가
	暴(あば)れる 날뛰다, 난폭하게 굴다	～らしい ～(인)것 같다	どうして 왜, 어째서
	先週(せんしゅう) 지난 주	別(わか)れる 헤어지다	

Part 1

1 ～ようです

① 新しい日本人留学生が到着したようですよ。

② 会話の授業はもう終わったようです。

③ 彼はまだ仕事をしているようです。

2 ～そうです (전문)

① 今週土曜日に、新しい留学生の歓迎会があるそうです。

② 日曜日にみんなで山登りをするそうです。

③ 駅前に高いビルが建つそうです。

3 ～なら＋가능동사

① 土曜日なら行けます。

② 一万ウォンなら払えます。

③ カレーライスならすぐ作れます。

4 ～らしいんです

① 僕、帰りのタクシーでも暴れたらしいんです。

② 彼女はあの時、体の調子が悪かったらしいんです。

③ また、火事が起こったらしいんです。

5 どうして～んですか

① どうしてそんなに飲んだんですか。

② どうして遅れたんですか。

③ どうして写真を撮らないんですか。

어휘			
会話(かいわ) 회화	授業(じゅぎょう) 수업	もう 이미, 벌써	彼(かれ) 그, 그 남자
みんなで 다같이, 모두	山登(やまのぼ)り 등산	駅前(えきまえ) 역앞	高(たか)い 높다
ビル 빌딩	建(た)つ 서다, 만들어지다	一万(いちまん)ウォン 만원	払(はら)う 지불하다
カレーライス 카레라이스	体(からだ) 몸	調子(ちょうし) 몸 상태, 컨디션	悪(わる)い 나쁘다
火事(かじ) 화재	起(お)こる 일어나다, 발생하다		遅(おく)れる 늦다

❶ ～ようだ

「～ようだ」는 어떤 사항에 대한 화자의 불확실한 판단, 즉 추측을 나타낸다. 그 추측은 뭔가의 근거에 의거한 판단임을 내포하고 있다. 동사・イ형용사・ナ형용사 및 た형의 연체형과「명사+の」에 접속되고, 활용은 ナ형용사에 준해서 한다.

来るようだ(오는 것 같다)　高いようだ(비싼 것 같다)　静かなようだ(조용한 것 같다)
行ったようだ(간 것 같다)　日本人のようだ(일본사람인 것 같다)

新しい日本人留学生が到着したようですよ。　새로 일본인 유학생이 도착한 것 같아요.

❷ ～(する)そうだ

다른 사람에게 들은 내용을 전하는 전문(伝聞) 표현이다. 역시 활용은 ナ형용사에 준해서 하지만, 접속은 동사・イ형용사・ナ형용사 및 た형의 종지형과「명사＋だ」에 접속된다.

来るそうだ(온다고 한다)　高いそうだ(비싸다고 한다)　静かだそうだ(조용하다고 한다)
行ったそうだ(갔다고 한다)　日本人だそうだ(일본사람이라고 한다)

新しい留学生の歓迎会があるそうです。　새로 온 유학생을 위한 환영회가 있다고 합니다.

참고로 같은 형태의「そうだ」로, 화자가 보거나 느끼거나 한 것으로부터 판단한 양태(様態)를 나타내는 경우가 있는데, 그 경우는 동사의 ます형, イ형용사와 ナ형용사의 어간에 접속된다.

降りそうだ((비가)올 것 같다)　高そうだ(비쌀 것 같다)　静かそうだ(조용할 것 같다)

③　～なら

「なら」는 직접 명사를 받아서 「～(이)라면」이라는 주제를 나타낸다.

土曜日なら行けます。　토요일이라면 갈 수 있습니다.

④　～らしい

「～ようだ」와 마찬가지로 어떤 사항에 대한 화자의 추정, 추측을 나타낸다. 또한, 그 추측은 뭔가의 객관적인 근거에 의거한 판단임을 내포하고 있다. 특히, 객관적인 근거가 남의 말인 경우는 전문(伝聞)을 나타내게 되어 「～(する)そうだ」와 통하는 용법이 된다.
　동사・イ형용사・た형의 종지형, ナ형용사의 어간, 명사에 직접 접속되며 활용은 イ형용사에 준해서 한다.

来るらしい(오는 것 같다)　高いらしい(비싼 것 같다)　静からしい(조용한 것 같다)
行ったらしい(간 것 같다)　日本人らしい(일본사람인 것 같다)

新しい日本人留学生が到着したらしいですよ。
새로 일본인 유학생이 도착한 것 같아요.

木村君の話では、僕、帰りのタクシーでも暴れたらしいんです。
기무라군 얘기로는 나, 돌아오는 택시에서도 소란 피웠다는 것 같아요.

연습문제

1. 다음 단어를 각각 한자는 히라가나로, 히라가나는 한자로 바꾸세요.

❶ 楽しみ　（　　　　　　　）❷ 紹介　　　（　　　　　　　）

❸ 歓迎会　（　　　　　　　）❹ 傷　　　　（　　　　　　　）

❺ お酒　　（　　　　　　　）❻ とうちゃく（　　　　　　　）

❼ せいもん（　　　　　　　）❽ てつだう　（　　　　　　　）

❾ かお　　（　　　　　　　）❿ わかれる　（　　　　　　　）

2. 보기 속의 예와 같이 밑줄부에 들어갈 가장 알맞은 것을 a~d에서
골라 (　　　) 속에 적은 다음, 적당한 형태로 고쳐 넣으세요.

보기 ―――――――――――――――――――――

A : 部屋の電気が消えていますね。
B : (a)誰もいないようですね。
―――――――――――――――――――――
a. 誰もいません　　　　b. かなり渋滞しています
c. 有名人が来ています　　d. パーティーをしています

❶ A : カメラを持った人がたくさんいますね。

　 B : (　　　)＿＿＿＿＿＿＿＿＿＿＿＿＿＿＿＿＿＿＿ようですよ。

❷ A : 隣の部屋、すごくにぎやかですね。

　 B : (　　　)＿＿＿＿＿＿＿＿＿＿＿＿＿＿＿＿＿＿＿ようですね。

❸ A : 車が全然動きませんね。

　 B : (　　　)＿＿＿＿＿＿＿＿＿＿＿＿＿＿＿＿＿＿＿ようですね。

第8과　**新しい日本人留学生が到着したようですよ**　97

3. 다음 보기와 같이 문장을 만드세요.

> 보기 ─────────────────

ニュース / 地震(じしん)があった
⇨ ニュースによると、地震があったそうです。

❶ 彼(かれ)の話(はなし) / 田中さんは引越(ひっこ)した

⇨ _____

❷ 天気予報(てんきよほう) / あしたは雪(ゆき)が降(ふ)る

⇨ _____

❸ ガイドブック / この店(みせ)は歴史(れきし)が長(なが)い

⇨ _____

4. 다음 우리말 문장을 일본어로 작문하세요.

❶ 일상(日常(にちじょう))회화라면 조금 (말)할 수 있습니다.

⇨ _____

❷ 아까 학교 앞에서 교통사고(交通事故(こうつうじこ))가 있었던 것 같아요.

⇨ _____

❸ 어째서 전화를 안 받는거죠? (電話(でんわ)に出(で)る)

⇨ _____

어휘			
消(き)える (불이) 꺼지다	動(うご)く 움직이다	かなり 꽤, 상당히	渋滞(じゅうたい)する 정체되다, 밀리다
有名人(ゆうめいじん) 유명인	引(ひっ)越(こ)す 이사하다		天気予報(てんきよほう) 일기예보
ガイドブック 가이드북	歴史(れきし) 역사		長(なが)い 길다

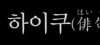

하이쿠(俳句)

하이쿠(俳句)는 5·7·5의 총 17자로 이루어진 일본의 정형시를 말한다.

고대에는 5·7·5·7·7의 모두 31자로 이루어진 와카(和歌 : 일본의 시라는 의미)가 전성기를 이루었고, 중세에는 와카에서 갈라져 나온 렌가(連歌 : 5·7·5와 7·7을 여러 사람이 이어가며 읊은 시 형식)가 유행하다가, 근세에는 렌가의 한 종류인 하이카이렌가(俳諧連歌)가 서민들의 사랑을 받았는데, 근대에 들어와 마사오카 시키(正岡子規 : 1867 ~1902년)라는 사람이 하이카이렌가의 앞부분인 5·7·5(이를 '發句'라고 한다)만을 독립시켜 새로운 시 형식으로 만든 것이 하이쿠이다.

겨우 17자만의 세계에서 가장 짧은 시이지만 그 안에 계절을 나타내는 말(季語)을 포함시켜야 하는 등의 까다로운 규칙이 있기 때문에 짓기는 쉽지 않다. 현재 일본 내에는 5백이 넘는 동인지에 수백만 명의 동호인들이 활동하고 있고, 서양에서도 'Haiku'라는 이름의 3행의 단시가 붐을 이루고 있다.

うつくしや 障子の穴の 天の川

장관이구나 문틈 넘어 펼쳐진 은하수 하늘

  - 고바야시 잇사(小林一茶 : 1763~1827년) -

Tiny growing moss
in the cracks in the garden wall
like me, unnoticed

담 벽 틈새에
이끼가 살아 있네
아무도 몰래

  - 작자 미상 -

제9과

去年はチョコレートを もらいましたか

작년에는 초콜릿을 받았어요?

작년에는 초콜릿을 받았어요?

제9과 | 去年はチョコレートをもらいましたか

 **Part 1**

李　：あしたはバレンタインデーですね。

　　　木村さん、去年はチョコレートをもらいましたか。

木村：残念ながら…。韓国でも女の子が男の子にチョコを

　　　あげるんですか。

李　：はい、日本と同じです。

木村：日本では最近、女の子が自分で自分にあげる「ごほうび

　　　チョコ」っていうのがはやっているんですよ。

　　　それで、李さんは、今年どうするんですか。

李　：私は、彼氏に手作りのものをあげるつもりです。

　　　あ、木村さんの分も、作ってあげますよ。

木村：僕は「義理チョコ」か…。

어휘

チョコ(レート) 초콜릿	もらう 받다	バレンタインデー 발렌타인 데이(2월14일)
残念(ざんねん)ながら 유감스럽게도	女(おんな)の子(こ) 여자아이	男(おとこ)の子(こ) 남자아이
同(おな)じだ 같다	最近(さいきん) 최근	ごほうびチョコ 상으로 주는 초콜릿
はやる 유행하다	それで 그래서	今年(ことし) 올해, 금년
手作(てづく)り 수제, 손수 만듦	～分(ぶん) ～몫, 분	義理(ぎり)チョコ 의리로 주는 초콜릿

金^{キム}　：伊藤^{いとう}さん、荷物^{にもつ}が多^{おお}いですね。持^もちましょうか。

伊藤：あ、ありがとう。これ、お願^{ねが}いします。
　　　母^{はは}が日本^{にほん}から荷物^{にもつ}を送^{おく}ってくれたんです。

金　：そっちは何^{なん}ですか。

伊藤：柿^{かき}です。さっき李^イさんがくれました。

＊　　＊　　＊

（짐을 열면서）

伊藤：何^{はい}が入っているかな。あ、カップラーメンだ。
　　　これ、おいしいんですよ。一^{ひと}つどうぞ。

金　：え、僕^{ぼく}もらってもいいんですか。
　　　日本^{にほん}のカップラーメンは、はじめてです。
　　　ありがとう。

어 휘	荷物(にもつ) 짐, 화물　　送(おく)る 보내다　　くれる 주다　　そっち ユ 쪽　　柿(かき) 감
	カップラーメン 컵라면　　はじめて 최초로, 처음

표현연습

Part 1

1   ～(を)もらいましたか

① 去年はチョコーレトをもらいましたか。

② 夏のボーナス、いくらもらいましたか。

③ 誰から花束をもらいましたか。

2   ～(を)あげるつもりです

① 私は、彼氏に手作りのものをあげるつもりです。

② クリスマスに彼女にプレゼントをあげるつもりです。

③ 兄の誕生日にこの時計をあげるつもりです。

3   ～てあげますよ

① 木村さんの分も、作ってあげますよ。

② キムチの作り方、教えてあげますよ。

③ 今度、紹介してあげますよ。

第9과　**去年はチョコレートをもらいましたか**　105

Part 2

4 ～（を）くれました

① 柿です。さっき李さんがくれました。

② お姉ちゃんが人形をくれました。

③ アメリカの友達がメールをくれました。

5 ～てくれたんです

① 母が日本から荷物を送ってくれたんです。

② 父が迎えに来てくれたんです。

③ 弟が傘を持ってきてくれたんです。

어휘			
ボーナス 보너스	いくら 얼마	花束(はなたば) 꽃다발	クリスマス 크리스마스
プレゼント 선물	時計(とけい) 시계	作(つく)り方(かた) 만드는 법	教(おし)える 가르치다
紹介(しょうかい) 소개	お姉(ねえ)ちゃん 언니, 누나	人形(にんぎょう) 인형	アメリカ 미국
父(ちち) 아버지	迎(むか)える 마중하다	弟(おとうと) 남동생	傘(かさ) 우산

문법포인트 해설

1 ~をあげる / くれる, ~をもらう

우리말의 「주다」 「받다」와 같이 사물을 주고받는 수수(授受)표현을 나타내는 일본어 동사로는 「あげる」 「くれる」 「もらう」가 있다. 우리말과는 달리, 「주다」의 경우 내가 (또는 내 쪽 사람이) 남에게 줄 때는 「あげる」, 남이 나(또는 내 쪽 사람)에게 줄 때는 「くれる」로 구별해서 사용한다. 「받다」의 경우는 특별히 구별하지 않고 받는 사람을 주어로 할 때 사용한다.

> 私は、彼氏に手作りのものをあげるつもりです。
> 나는 남자친구에게 손수 만든 것을 줄 생각이에요.
>
> 柿です。さっき李さんがくれました。
> 감이에요. 아까 이윤미씨가 주었어요.
>
> 木村さん、去年はチョコレートをもらいましたか。
> 기무라씨, 작년에는 초콜릿 받았어요?

2 ~てあげる / ~てくれる, ~てもらう

동사의 て형 뒤에 「あげる」 「くれる」 「もらう」가 보조동사로 쓰인 「~てあげる」 「~てくれる」 「~てもらう」는 「~아/어 주다」 「~아/어 받다」와 같이 행위에 의해 발생하는 은혜를 베풀고 받는 관계를 나타낸다. 「~てもらう」는 남한테 어떤 행위를 해 받음으로써 주체가 그 혜택을 받는 것을 나타내는 경우에 쓰인다. 우리말에서는 직접적으로 그에 대응하는 말이 없어 의역해야 하는 경우가 많으므로 특히 주의를 요한다.

木村さんの分も、作ってあげますよ。

기무라씨 것도 만들어 줄께요.

母が日本から荷物を送ってくれたんです。

어머니가 일본에서 짐을 보내 주셨거든요.

私は友達に1時間も待ってもらいました。

친구가 나를 한 시간이나 기다려 주었어요.

((?)나는 친구에게 한 시간이나 기다려 받았어요)

③ ～っていうのが

「って」는 인용을 나타내는 조사 「と」로 바꿀 수 있다. 따라서 「～っていうのが」는 「～(이)라고 하는 것이, ～(이)라는 것이」라는 정도의 뜻이 된다.

「ごほうびチョコ」っていうのがはやっているんですよ。

「고호비초코」라는 것이 유행하고 있어요.

연습문제

1. 다음 단어를 각각 한자는 히라가나로, 히라가나는 한자로 바꾸세요.

1 残念 （　　　　　） **2** 彼氏 （　　　　　）

3 義理 （　　　　　） **4** 荷物 （　　　　　）

5 柿 （　　　　　） **6** さいきん（　　　　　）

7 じぶん（　　　　　） **8** てづくり（　　　　　）

9 おおい（　　　　　） **10** おくる （　　　　　）

2. 다음 보기와 같이 문장을 만드세요.

보기
私 ➡ 友達（花）
➡ 私は友達に花をあげました。
木村さん ➡ 私（CD）
➡ 木村さんは私にCDをくれました。

1 私 ➡ 父（ネクタイ）

➡ _____

2 先輩 ➡ 私（電子辞書）

➡ _____

③ 妹 ➡ 伊藤さん（韓国のお茶）

➡ _____

④ 伊藤さん ➡ 妹（日本のお菓子）

➡ _____

3. 다음 보기와 같이 고치세요.

보기 ─────────────────────────

友達が日本語を教える（私）

➡ 私は友達に日本語を教えてもらいました。

① 友達が街を案内する（私）

➡ _____

② 彼女が料理を作る（私）

➡ _____

③ 金さんが家まで送る（妹）

➡ _____

4. 다음 우리말 문장을 일본어로 작문하세요.

① 남동생 생일에 시계(時計)를 줄 생각입니다.

➡ _____

② 기무라씨는 역에서 1시간이나 기다려 줬습니다.

➡ _____

③ 이것은 일본 친구에게 받은 편지(手紙)입니다.

➡ _____

어휘 | 先輩(せんぱい) 선배   お菓子(かし) 과자   街(まち) 번화한 거리, 시내   送(おく)る 배웅하다

우키요에(浮世絵)

우키요에(浮世絵)는 일본의 근세 시대에 만들어진 풍속화를 말한다.

우키요(浮世)란 '당대의 풍속'을 의미하는 말로써 서민들의 일상생활이 그림의 주된 소재였으나 가부키 배우를 그린 '役者絵'나 유녀들을 그린 '美人画', 그리고 풍경을 그린 '名所絵' 등으로 영역이 점차 확대되었다.

손으로 그린 육필화도 있었지만 서민들에게 싼값으로 다량 공급하기 위해 주로 목판화로 제작되었는데 밑그림을 그리는 사람(絵師)과 나무에 새기는 사람(彫師), 그리고 인쇄하는 사람(摺師) 등 세 사람의 긴밀한 협력 하에 하나의 그림이 완성되었다.

이 우키요에는 일본에서는 그다지 가치 있는 것으로 평가받지 못했으나 19세기 말 그릇 포장지 등으로 이용되어 유럽으로 흘러들어 갔는데 화려한 색감과 대담한 구도가 고흐나 모네, 마네와 같은 인상파 화가들의 주목을 받아 한 때 프랑스를 중심으로 쟈포니즘 (Japonisme : 일본에 대한 심취)이라는 현상을 불러일으키기도 하였다.

葛飾 北斎(1760~1849년)가 그린
『富嶽三十六景』 중의 21번째 그림
<神奈川沖浪裏> : 목판화

제10과

人数と行き先を押すと、
切符が出ます

인원수와 행선지를 누르면 표가 나와요.

인원수와 행선지를 누르면 표가 나와요.

제10과 | 人数と行き先を押すと、切符が出ます

 **Part 1**

(지하철 표 자판기 앞에서)

李 ：どうしたんですか。

日本人：あ、切符の買い方がよく分からなくて…。

李 ：どちらまでですか。

日本人：東大門まで行きたいんですが。

李 ：じゃ、まず、ここにお金を入れます。それから

人数と行き先を押すと、切符が出ます。

はい、どうぞ。

日本人：ありがとうございます。助かりました。

李　　　：「T-money」というプリペードカードを買えば、

　　　　　割引もありますし、もっと便利ですよ。

日本人：そうですか。今度それを使ってみます。

李　　　：では、どうぞお気をつけて。

Part 2

金　：伊藤さん、木村君の誕生日パーティー、
　　　6時からでしょう？ そろそろ行きませんか。

伊藤：すみません。私、まだあしたの発表の準備が終わって
　　　いないんです。 これが終わったら、すぐ行きます。
　　　先に行っててください。

金　：大変ですね。お店の場所、大丈夫ですか。
　　　もし分からなかったら、僕に電話してください。

伊藤：ありがとう。 そうします。

金　：じゃ、向こうで待ってますね。早く来てね!

| 어
휘 | 誕生日(たんじょうび)パーティー 생일파티
大変(たいへん)だ 힘들다, 큰일이다
向(む)こう 저쪽, 건너편 | 発表(はっぴょう) 발표
大丈夫(だいじょうぶ)だ 괜찮다 | 終(お)わる 끝나다
もし 만약 |

Part 1

1 　～と、～ます

① 人数と行き先を押すと、切符が出ます。

② ここをまっすぐ行くと、エスカレーターがあります。

③ お酒を飲むと、顔が赤くなります。

2 　～ば、～ます／です

① プリペードカードを買えば、割引もあります。

② あのバスに乗れば、まだ間に合うはずです。

③ 李さんが行けば、私も行きます。

Part 2

3 　まだ ～ ていないんです

① 私、まだあしたの発表の準備が終わっていないんです。

② まだ朝から何も食べていないんです。

③ まだ一回も会っていないんです。

4 ～たら、～ます

① これが終わったら、すぐ行きます。

② 空港(くうこう)に着(つ)いたら、お電話(でんわ)します。

③ 雨(あめ)が降(ふ)ったら、野外(やがい)コンサートは中止(ちゅうし)になります。

5 もし ～たら、～ てください

① もし分(わ)からなかったら、僕(ぼく)に電話(でんわ)してください。

② もし知(し)っていたら、教(おし)えてください。

③ もし僕(ぼく)が起(お)きなかったら、起(お)こしてください。

어휘 | まっすぐ 곧바로 | エスカレーター 에스컬레이터 | 赤(あか)い 붉다, 빨갛다 | ～に乗(の)る ～을 타다
～はず ～(할) 것 | 一回(いっかい) 1회, 한번 | 空港(くうこう) 공항 | 着(つ)く 도착하다
雨(あめ) 비 | 降(ふ)る 오다, 내리다 | 野外(やがい) 야외 | 中止(ちゅうし) 중지
起(お)こす 깨우다

118 커뮤니케이션을 위한 캠퍼스 일본어 Level 2

문법포인트 해설

❶ 　～(し)方

동사의 ます형에 「方」를 붙이면, 「作り方(만드는 법)」「読み方(읽는 법)」와 같이 방법, 방식을 나타낸다.

切符の買い方がよく分からなくて…。　표 사는 법을 잘 몰라서요….

❷ 　～と、～

「～と(～면)」는 전건의 조건이 성립하면 후건도 자동적, 습관적으로 성립하는 것을 나타내는 경우에 사용한다. 후건(문말)에 화자의 명령·의지·희망·권유·허가 등 화자의 주관을 나타내는 표현은 올 수 없다. 동사·イ형용사·ナ형용사의 종지형에 접속된다.

買う ➭ 買うと　　　安い ➭ 安いと　　　静かだ ➭ 静かだと

人数と行き先を押すと、切符が出ます。　인원수와 행선지를 누르면 표가 나옵니다.
春になると、花が咲きます。　　　　　봄이 되면 꽃이 핍니다.

❸ 　～ば、～

「～ば(～면)」는 「～と」와 공통되는 용법으로 전건의 조건이 성립하면 후건도 자동적, 습관적으로 성립하는 것을 나타낸다.

春になれば、花が咲きます。　봄이 되면 꽃이 핍니다.

또한, 전건에서 가정된 동작 작용이 후건 성립의 조건(이른바 가정조건)이 되는 것을 나타내기도 한다.

　　プリペードカードを買えば、もっと便利ですよ。　선불 카드를 사면 더욱 편리해요.
　　安ければ買います。　싸면 사겠어요.

「～ば」는 가정형에 접속된다. 동사의 경우는 어미「u(ウ단)」를「e(エ단)」로 고친 뒤에「～ば」를 접속시키고, イ형용사는 어미「い」를「けれ」로 고친 뒤에「～ば」를 접속시킨다.

　　買う ➡ 買えば　　　見る ➡ 見れば　　　来る ➡ 来れば
　　する ➡ すれば　　　安い ➡ 安ければ

❹　まだ ～ ていない

「まだ～ていない」는「아직 ～ (하)지 않았다」라는 동작의 미완료를 나타낸다. 우리 말과 달리 일본어에서는「まだ～なかった」와 같이는 쓸 수 없는 점에 주의해야 한다.

　　あしたの発表の準備がまだ終わっていないんです。내일 발표 준비가 아직 안 끝났어요.

❺　～たら、～

「～たら(～면)」는「～ば」와 공통되는 용법으로 전건에서 가정된 동작 작용이 후건 성립의 조건(이른바 가정조건)이 되는 것을 나타낸다. 이 경우는 본과의 예와 같이「もし(만일, 만약)」라는 부사를 수반하기도 한다. 또한, 전건이 성립(완료)된 것을 전제로 후건이 성립하는 것을 나타내는 용법도 있다. た형에 접속된다.

買う ⇨ 買ったら　　見る ⇨ 見たら　　　来る ⇨ 来たら
する ⇨ したら　　　安い ⇨ 安かったら　静かだ ⇨ 静かだったら

もし分からなかったら僕に電話してください。　만일 모르겠으면 나에게 전화해 주세요.
これが終わったら、すぐ行きます。　　　　　　이게 끝나면 금방 갈께요.

❻　〜 て(ね)

동사의 て형으로 (또는 「ね」를 첨가하여) 중지시켜 부드러운 명령을 나타낸다.

早く来てね！　　빨리 와(요)!

❼　行ってて

「行っていて」의 「い」가 탈락된 형태로, 회화체에서는 이와 같은 축약형이 많이 사용된다.

先に行って(い)てください。　먼저 가 있어 주세요.

向こうで待って(い)ますね。　거기서 기다리고 있을게요.

연습문제

1. 다음 단어를 각각 한자는 히라가나로, 히라가나는 한자로 바꾸세요.

1 人数 　（　　　　　　） **2** 行き先 　（　　　　　　）

3 割引 　（　　　　　　） **4** 誕生日 （　　　　　　）

5 準備 　（　　　　　　） **6** きっぷ 　（　　　　　　）

7 おす 　（　　　　　　） **8** べんり 　（　　　　　　）

9 つかう （　　　　　　） **10** はっぴょう （　　　　　　）

2. 다음 보기와 같이 문장을 만드세요.

> 보기
>
> 勉強する / 成績が上がる
> ➡ 勉強すれば、成績が上がります。
> 安い / 買う
> ➡ 安ければ、買います。

1 この薬を飲む / すぐに治る

➡ _____

2 この試合に勝つ / ベスト4になる

➡ _____

❸ あした天気がいい / 漢江市民公園でサイクリングをする

➡ _____

❹ 寒い / 家にいる

➡ _____

3. 다음 보기와 같이 (   ) 속의 단어를 알맞은 형태로 바꿔 넣으세요.

보기 ─────────────

東京へ 行っ たら、秋葉原へ 行き たいです。
　　　（行く）　　　　　　　（行く）

❶ たくさん_____たら、_____ます。
　　　　　（食べる）　　　　　（太る）

❷ お金と時間が_____たら、旅行_____たいです。
　　　　　　　　　（ある）　　　　　　　（する）

❸ _____たら、窓を_____てください。
　　（寒い）　　　　　　（閉める）

❹ 空港に_____たら、_____てください。
　　　　　（着く）　　　　　（電話する）

4. 다음 우리말 문장을 일본어로 작문하세요.

❶ 여기는 봄이 되면 벚꽃(桜^{さくら})이 아주 아름다워요.

 _____

❷ 아직 일본에 간 적은 없습니다.

 _____

❸ 만일 근처에 오면 연락해 주세요.

 _____

어 휘	成績(せいせき) 성적	上(あ)がる 오르다, 올라가다	薬(くすり) 약	すぐに 곧
	治(なお)る (병이) 낫다	勝(か)つ 이기다	ベスト4(フォー) 4강	サイクリング 자전거 타기
	秋葉原(あきはばら) 아키하바라(도쿄의 전자상가)	太(ふと)る 살찌다		

모노가타리(物語)는 지금은 주로 '이야기'라는 뜻으로 사용되고 있지만 원래는 사람의 입에서 나오는 말부터 허구적 내용의 소설까지를 아우르는 말이었다. 본디 요괴나 귀신과 같이 불가사의한 힘을 지닌 존재를 뜻하는 'もの'라는 말에 줄거리를 갖춘 이야기를 조리 있게 들려준다는 의미의 'かたり'가 결합돼 만들어진 말로써 「1) 'もの'가 (인간들에게) 들려준 이야기, 또는 2) 'もの'에 관해 (인간들이) 지어낸 이야기」라는 양의적인 뜻을 지닌 말이다.

고대 후기(794~1185년)부터는 주로 장편소설이나 설화를 지칭하였는데 현존하는 최초의 모노가타리는 9세기 후반에 만들어진 '다케토리 이야기(竹取物語)'로 달에서 지상으로 귀양을 온 선녀가 대나무 안에서 엄지손가락만한 크기의 여자아이로 태어나 절세의 미인으로 성장한 후, 당대의 귀공자들과 임금의 마음을 흔들어 놓고 다시 달로 돌아간다는 환상적 내용을 담고 있다.

이후 모노가타리는 내용과 형식면에서 발전을 거듭하여 11세기 초에는 당시 귀족들의 세계를 그린 '겐지 이야기(源氏物語)'라는 장편소설을 낳았고, 중세와 근세시대에 들어와서도 각 시대의 사회나 문화를 반영한 '헤이케 이야기(平家物語)'나 '우게쓰 이야기(雨月物語)'와 같은 작품들을 탄생시켰다.

다케토리 이야기
두루마리 그림 중의 일부

겐지 이야기
두루마리 그림 중의 일부

제11과

金さんは先生に
期待されているんですよ

김태우씨는 선생님께 기대를 받고 있는 거예요.

김태우씨는 선생님께 기대를 받고 있는 거예요.

제11과 | 金さんは先生に期待されているんですよ

 Part 1

伊藤 ： 金さん、どうしたんですか。

今日、元気がありませんね。

金 　： 実はさっき、この前の試験のことで、先生に

ちょっと注意されたんです。

伊藤 ： 試験の結果、悪かったんですか。

金 　： はい。それで、先生にもっとしっかり

勉強するように言われました。

伊藤：金さんは先生に期待されているんですよ。

金　：そうかな? 最近、確かにちょっと

遊びすぎていたから…。

次の試験は絶対、がんばらなきゃ。

어휘 期待(きたい)する 기대하다　　　今日(きょう) 오늘　　　試験(しけん) 시험　　　こと 일, 사건, 문제
注意(ちゅうい)する 주의(를) 주다　結果(けっか) 결과　　　しっかり 확실히, 단단히
確(たし)かだ 확실하다, 틀림없다　～すぎる 너무 ~하다

Part 2

李　　：木村さん、兄弟は?

木村：2歳下の妹が一人います。

李　　：仲がいいですか。

木村：今は仲がいいけど、子供の頃はあまり…。
　　　僕がいじわるで、妹に僕のかばんを持たせたり、
　　　けんかして泣かせたり…。

李　　：ひどいお兄ちゃんですね。意外です。

木村：でも、この頃は逆に、妹が僕に掃除をさせたり、
　　　買い物に行かせたりしています。
　　　来月、ソウルに遊びに来るんですが、「おいしいもの
　　　食べさせて」と言っていました。

李　　：じゃ、食事に行く時は私も呼んでくださいね。

어휘			
兄弟(きょうだい) 형제	2歳下(にさいした) 2살 아래	一人(ひとり) 한사람	仲(なか)がいい 사이가 좋다
いじわる 짓궂음, 심술꾸러기	けんか 싸움	泣(な)く 울다	ひどい 심하다, 무정하다
意外(いがい) 의외, 뜻밖	この頃(ごろ) 요즘, 최근	逆(ぎゃく)に 반대로	掃除(そうじ) 청소
呼(よ)ぶ 부르다			

Part 1

1 ～に ～(ら)れたんです

① 先生にちょっと注意されたんです。

② また、母に叱られたんです。

③ 課長に誉められたんです。

2 ～ように言われました

① 先生にしっかり勉強するように言われました。

② 事務室に来るように言われました。

③ 自分で準備するように言われました。

Part 2

3 ～に ～(さ)せたり、(さ)せたり

① 妹に僕のかばんを持たせたり、けんかして泣かせたり…。

② 子供にピアノを習わせたり、バレエをさせたり…。

③ 学生に発音の練習をさせたり、作文を書かせたり…。

① 「おいしいもの食(た)べさせて」と言っていました。

② 大学院(だいがくいん)に進学(しんがく)したいと言っていました。

③ バイトをやめると言っていました。

어휘	叱(しか)る 꾸짖다	課長(かちょう) 과장	誉(ほ)める 칭찬하다	バレエ 발레
	発音(はつおん) 발음	作文(さくぶん) 작문	大学院(だいがくいん) 대학원	進学(しんがく) 진학
	バイト 아르바이트, アルバイト의 줄인 말			

① ~のこと

「こと」는 어떤 것을 둘러싼 일, 경우, 상황 등을 나타내는 형식명사이다. 「この前の 試験のことで」는 「요전의 시험 일로」「요전의 시험 때문에」정도의 뜻이 된다.

この前の試験のことで、先生にちょっと注意されたんです。
요전의 시험 때문에 선생님께 좀 주의 받았어요.

② ~(ら)れる（수동）

「~(ら)れる」는 동사의 ない형에 접속하여 수동형을 만든다. 5단동사와 「する」에는 「~れる」, 1단동사와 「来る」에는 「~られる」가 접속된다.

言う ➩ 言われる　　する ➩ される
誉める ➩ 誉められる　　来る ➩ 来られる

일본어에서는 수동표현이 자주 쓰이는데, 수동문은 동작의 영향을 받는 쪽에 시점을 둔 표현이다. 수동문이 표현하는 의미는 능동문이 표현하는 의미와 객관적으로 동일하다. 능동문에서는 동작의 주체가 주어이고 대상이 보어인데 대하여 수동문에서는 동작의 대상이 주어이고 주체가 보어로 바뀐다.

先生は金さんを期待している。 （능동문） 선생님은 김태우씨를 기대하고 있다.

金さんは先生に期待されている。（수동문） 김태우씨는 선생님께 기대(를) 받고 있다.

❸ **～ように言われました**

「ように」는 뒤에 「言う」와 같은 전달을 나타내는 동사를 수반하여 요구내용을 간접적으로 인용하는데 사용된다.

先生にもっとしっかり勉強するように言われました。
선생님께 더 열심히 공부하라고 얘기 들었어요.

❹ **～なきゃ**

「～なきゃ」는 「～なければ」의 축약형으로 회화체에서 주로 쓰인다. 뒤에 「ならない (안 된다)」라는 의미가 생략된 것으로 「～ (하)지 않으면 안 된다, ～ (해)야지」라는 뜻으로 쓰인다.

次の試験は絶対、がんばらなきゃ。 다음 시험은 절대로 분발하지 않으면 안 돼.

❺ **～(さ)せる (사역)**

「～(さ)せる」는 동사의 ない형에 접속하여 사역형을 만든다. 5단동사와 「する」에는 「～せる」, 1단동사와 「来る」에는 「～させる」가 접속된다.

持つ　⇨　持たせる　　　する　⇨　させる
食べる　⇨　食べさせる　　来る　⇨　来させる

사역문은 기본적으로 인간이 다른 사람에게 뭔가의 작용을 가해 어떤 동작을 행하도록 시키는 것을 나타내는 표현이다.

妹に僕のかばんを持たせたり、けんかして泣かせたり…。
여동생에게 내 가방을 들게 하거나 싸워서 울리거나….

연습문제

1. 다음 단어를 각각 한자는 히라가나로, 히라가나는 한자로 바꾸세요.

1 結果 （　　　　　） **2** 妹 （　　　　　）

3 頃 （　　　　　） **4** 逆に （　　　　　）

5 呼ぶ （　　　　　） **6** げんき （　　　　　）

7 ちゅうい （　　　　　） **8** わるい （　　　　　）

9 きたい （　　　　　） **10** きょうだい （　　　　　）

2. 다음 보기와 같이 문장을 고치세요.

보기
> 先生が金さんを誉めました。
> ➡ 金さんは先生に誉められました。

1 友達が私に翻訳を頼みました。

➡ ＿＿＿＿＿＿＿＿＿＿＿＿＿＿＿＿＿＿＿＿＿＿

2 警察が犯人を見つけました。

➡ ＿＿＿＿＿＿＿＿＿＿＿＿＿＿＿＿＿＿＿＿＿＿

3 先生が李さんを呼びました。

➡ ＿＿＿＿＿＿＿＿＿＿＿＿＿＿＿＿＿＿＿＿＿＿

3. 다음 보기와 같이 문장을 고치세요.

> **보기**
>
> 弟がトイレのそうじをした (母)
>
> ➡ <u>母は弟に</u>トイレのそうじを<u>させました</u>。

① 学生がレポートを書く (先生)

➡ _____

② 子供が野菜をたくさん食べる (お母さん)

➡ _____

③ 兄が中国語を習った (父)

➡ _____

4. 다음 우리말 문장을 일본어로 작문하세요.

① 저는 선생님께 일을 부탁받았습니다.

➡ _____

② 여기서 조금 기다리라고 들었습니다. (〜ように)

➡ _____

③ 오늘 수업은 쉰다고 했어요. (〜と言っている)

➡ _____

단어 翻訳(ほんやく) 번역　　　頼(たの)む 부탁하다　　　警察(けいさつ) 경찰　　　犯人(はんにん) 범인
見(み)つける 발견하다, 찾다　　　選手(せんしゅ) 선수　　　コーチ 코치

일본의 고전 무대극 중의 하나로, 중세 시대의 지배계급이었던 무사들의 사랑을 받던 사루가쿠노(猿楽能)가 성장 발전한 가무극(歌舞劇)이다. '能'란 당시의 민속예능을 지칭하던 말이었으나 흉내내기를 특징으로 하는 사루가쿠노만이 현재까지 살아남아 이어져온 까닭에 관습적으로 굳어진 명칭으로, 정식으로는 노가쿠(能楽)라 한다.

'노'는 대부분 현세에 한이 있어 왕생하지 못한 유령이 타인의 모습으로 승려 앞에 나타나 그 한을 털어놓고 사라졌다가 다시 승려의 꿈속에 본래 모습으로 나타나 한을 푼다는 내용으로 이루어지는데 이 때문에 '진혼(鎮魂)'의 예능이라고도 불리고 있다.

무대에 오르는 배우나 악사는 모두 남자들로서 세습에 의해 정해진 배역을 담당해오고 있으며 시테(シテ)라고 불리는 주역은 '能面'이라 불리는 가면을 쓰고서 노래와 대화를 하고 춤을 추며 연기를 한다.

노송나무(桧)로 만들어진 노의 무대에는 수련을 거듭한 역량 있는 배우들만이 설 수 있기 때문에 '자신의 기량을 발휘할 수 있는 영광스런 자리에 서다'라는 의미의 '桧舞台に效つ'라는 말이 생겨나게 되었다.

若女 : 신분이 높은 젊은 여자를
연기할 때 쓰는 탈

제12과

斉藤先生、いらっしゃいますか

사이토 선생님 계신가요?

사이토 선생님 계신가요?

제12과 | 斉藤先生、いらっしゃいますか

 **Part 1**

 MP3

（선생님 연구실 문 앞에서 노크하며）

李　：失礼します。

助手：どうぞ。

李　：斉藤先生、いらっしゃいますか。

助手：先生は今、授業中なんですが。

李　：そうですか。何時ごろお戻りになりますか。

助手：そうですね。後30分したら、戻られると思いますが。

李　：じゃ、また後で参ります。

어휘		
いらっしゃる 계시다, 가시다, 오시다	失礼(しつれい)します 실례합니다	助手(じょしゅ) 조교, 조수
何時(なんじ) 몇 시	戻(もど)る 돌아오다, 돌아가다	後(あと) 후, 나중
参(まい)る 가다, 오다(겸양어)		

（일본식 술집에서）

店員：いらっしゃいませ！何名様ですか?

金　：4人です。

店員：おたばこ、お吸いになりますか。

金　：いいえ。

店員：では、こちらにどうぞ。

＊　＊　＊

店員：お飲み物は何になさいますか。

金　：生ビール4つ。それと、枝豆も一緒にお願いします。

店員：はい、かしこまりました。少々お待ちください。

어	店員(てんいん) 점원　いらっしゃいませ 어서 오세요　何名様(なんめいさま) 몇 분　～人(にん) ～명
휘	たばこを吸(す)う 담배를 피우다　なさる 하시다　生(なま)ビール 생맥주　枝豆(えだまめ) 가지째 삶은 콩
	かしこまりました 분부대로 하겠습니다　少々(しょうしょう) 조금, 잠시(만)

Part 1

1　お ～ になりますか

① 何時_{なんじ}ごろお戻_{もど}りになりますか。

② 何時の便_{びん}でお帰_{かえ}りになりますか。

③ どんなシャンプーをお使_{つか}いになりますか。

2　～ (ら)れると思いますが

① 後30分_{あとさんじっぷん}したら、戻られると思_{おも}いますが。

② 伊藤_{いとう}さんのご両親_{りょうしん}が来_こられると思いますが。

③ 先生_{せんせい}も油絵_{あぶらえ}を描_かかれると思いますが。

Part 2

3　お ～ します

① 枝豆_{えだまめ}も一緒_{いっしょ}にお願_{ねが}いします。

② その荷物_{にもつ}、お持_もちします。

③ ご質問_{しつもん}にお答_{こた}えします。

4　お～ください

① 少々お待ちください。

② どうぞ、お入りください。

③ もう少しお待ちください。

| 어 | ～便(びん) ～편 | シャンプー 샴푸 | 両親(りょうしん) 양친, 부모 |
| 휘 | 油絵(あぶらえ) 유화 | 質問(しつもん) 질문 | 答(こた)える 대답하다 |

① 　존경어・겸양어

「いらっしゃる(계시다・가시다・오시다)」는 「いる(있다)・行く(가다)・来る(오다)」의 존경어, 「なさる(하시다)」는 「する(하다)」의 존경어, 「参る(가다・오다)」는 「行く(가다)・来る(오다)」의 겸양어이다.

「いらっしゃる」와 「なさる」는 다른 5단동사와는 달리 ます형이 「いらっしゃいます(×いらっしゃります)」와 「なさいます(×なさります)」가 된다.

斉藤先生、いらっしゃいますか。　사이토선생님 계십니까?
何になさいますか。　　　　　뭘로 하시겠습니까?
また後で参ります。　　　　　나중에 다시 오겠습니다.

② 　お～になる

동작주에 대한 화자의 경의를 표하는 가장 일반적인 존경표현이다. 「～」에는 동사의 ます형이 들어간다.

おたばこ、お吸いになりますか。　담배 피우십니까?

③ 　～られる (존경)

「～(ら)れる」는 가능표현을 만들거나 수동형을 만드는데 그 밖에 본과에서와 같이 존경형을 만들기도 한다. 「～(ら)れる」는 「お～になる」보다는 약간 경의(敬意)가 떨어진다.

後30分したら、戻られると思いますが。　30분 있으면 돌아오시리라 생각합니다만.

④ お ～ する

어떤 행위의 성립에 관계를 갖는 주어 이외의 인물에 대한 화자의 경의를 표하는 가장 일반적인 겸양표현이다. 나 또는 내 쪽 사람이 주어가 되며,「～」에는 동사의 ます형이 들어간다.「お願いします」도 겸양표현의 형태를 취하고 있지만 거의 인사말로 정형화된 표현이라 할 수 있다.

そのお荷物、お持ちします。　그 짐 (제가) 들겠습니다.

⑤ おたばこ (기출 : 레벨1-3과)

「お」는「ご」와 함께 다른 단어(명사) 앞에 붙어 ①존경의 뜻을 나타내기도 하고, ②말하는 이의 품위를 나타내기 위해 관용적으로 붙이기도 한다. 본과의「おたばこ」는 ①의 용법이다.

おたばこ、お吸いになりますか。　담배 피우십니까?
ご両親はいついらっしゃいますか。　부모님은 언제 오십니까?

⑥ ～になさいますか

「～になさいますか」는「～にしますか」의 존경표현으로「～にする」는 복수사항에서 하나를 선택할 때 쓰는 표현이다.

お飲み物は何になさいますか。　음료는 뭘로 하시겠습니까?

연습문제

1. 다음 단어를 각각 한자는 히라가나로, 히라가나는 한자로 바꾸세요.

① 戻る（   ）　**②** 参る　　（   ）

③ 何名様（   ）　**④** 吸う　　（   ）

⑤ 待つ（   ）　**⑥** しつれい（   ）

⑦ あと（   ）　**⑧** のみもの（   ）

⑨ おねがい（   ）　**⑩** しょうしょう（   ）

2. 다음 보기와 같이 문장을 만드세요.

> 보기
>
> 先生 / その本を読む
> ➡ 先生はその本をお読みになりました。

① お客様 / 5時に帰る

➡ _____

② 先生の奥様 / 韓国料理を作る

➡ _____

③ 学長 / 歌を歌う

➡ _____

3. 다음 보기와 같이 문장을 만드세요.

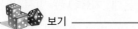 보기 ─────────────

大きい方の荷物を持つ

➡ 大きい方の荷物を<u>お持ちします</u>。

1 貴重品はフロントで預かる

➡ _____

2 詳しい地図を見せる

➡ _____

3 後でメールで知らせる

➡ _____

4. 다음 우리말 문장을 일본어로 작문하세요.

1 샌드위치(サンドイッチ)와 커피를 부탁합니다.

➡ _____

2 기무라씨 아버님은 어디 계십니까?

➡ _____

3 주소와 전화번호를 써 주십시오.

➡ _____

어휘			
お客様(きゃくさま) 손님	奥様(おくさま) 사모님	学長(がくちょう) 학장(님)	
貴重品(きちょうひん) 귀중품	フロント 프런트	預(あず)かる 맡다	詳(くわ)しい 상세하다
地図(ちず) 지도	見(み)せる (내)보이다	知(し)らせる 알리다	

가나(仮名)

가나(仮名)는 일본어를 표기하기 위한 문자를 말하는데 '가(仮)'는 임시 또는 일시적, '나(名)'는 글자를 의미한다. 한자를 마나(真名 : 진짜 글자)라고 부르던 것과 대비되는데 고대 일본인들의 문자 인식의 일단을 보여주는 흥미 있는 명명(命名)이기도 하다.

현재는 히라가나(平仮名)와 가타카나(片仮名) 두 종류가 사용되고 있으나 고대에는 이 외에도 만요가나(万葉仮名)라는 것이 있었는데 한자의 음을 이용해 일본어를 표기하였다.

히라가나는 만요가나로 사용된 한자가 변형된 것으로, 예를 들면 「あ い う え お」는 각각 「安 以 宇 衣 於」를 초서화한 것이고, 가타카나 역시 만요가나로 쓰인 한자의 자획 일부를 사용한 것으로 「カ キ ク ケ コ」는 각각 「加 幾 久 介 己」의 자획의 일부만을 떼서 간략화한 것이다.

히라가나는 궁중을 중심으로 여류문학이 크게 꽃피었던 고대 후기의 '모노가타리(ものがたり) 문학'에 주로 사용된 반면, 가타가나는 중세 이후의 군기모노가타리(軍記物語)나 설화문학, 그리고 명치유신 이후의 군국주의 시대 공문서 등 남성들의 손에 의한 문장에 주로 사용되는 등 시대와 사회 분위기에 따라 두 문자는 부침을 보여 왔는데, 제2차 세계 대진 이후 평화가 지속되고 있는 현새에는 히라가나가 절대적인 우위를 보이고 있다.

安あ	加か	左さ	太た	奈な	波は	末ま	也や	良ら	和わ	无ん
以い	幾き	之し	知ち	仁に	比ひ	美み		利り	為ゐ	
宇う	久く	寸す	川つ	奴ぬ	不ふ	武む	由ゆ	留る		
衣え	計け	世せ	天て	祢ね	部へ	女め		礼れ	恵ゑ	
於お	己こ	曽そ	止と	乃の	保ほ	毛も	与よ	呂ろ	遠を	

히라가나의 자원(字源)표 *

---

* 출처 : http://ja.wikipedia.org/wiki/%E5%B9%B3%E4%BB%AE%E5%90%8D

본문·표현연습 해석

제1과 경음악부에 들어가고 싶어요.

Part 1

기무라: 이윤미씨, 이 대학에 「경음악부」라고 있습니까?

이　　: 있어요. 제 친구가 일렉트릭 기타를 치고 있습니다.

기무라: 저, 실은 드럼을 좋아해서, 경음악부에 들어가고 싶거든요. 친구도 사귀고 싶고….

이　　: 그럼 지금 동아리 방에 가볼래요?

기무라: 네, 부탁해요.

이　　: 지금 누구 있는지, 친구한테 전화 해 볼게요.

기무라: 고마워요!

Part 2

이토　: 이윤미씨는 도쿄에 간 적이 있어요?

이　　: 아니요, 아직 없어요. 한번 가보고 싶지만요.

이토　: 어디에 가보고 싶어요?

이　　: 시부야, 오다이바, 디즈니랜드…. 아, 하라주쿠도 가보고 싶어요.
　　　　하라주쿠에서 쇼핑도 하고 크레이프도 먹고 싶어요.

이토　: 이번 겨울방학은 저도 일본에 돌아가니까, 놀러오지 않을래요?

이　　: 정말이요?

이토　: 제가 맛있는 가게도 많이 알고 있고, 여기저기 안내하고 싶어요.

이　　: 그럼, 전 아르바이트 열심히 해야겠네요.

표현연습

(Part 1)

1. ① 이 대학에 「경음악부」라고 있습니까?
   ② 일생에 한번쯤은 가보고 싶은 곳이 있습니까?
   ③ 여러분 회사에 사원여행이라고 있습니까?

2. ① 경음악부에 들어가고 싶은데요.
   ② 일본에서 일하고 싶은데요.
   ③ 친구와 만나고 싶은데요..

3. ① 친구한테 전화해 볼게요.
   ② 나중에 선생님께 물어볼게요.
   ③ 저도 사용해 볼게요.

4. ① 쇼핑도 하고 크레이프도 먹고 싶어요.
   ② 저 공원을 걷기도 하고 뛰기도 하고 싶어요.
   ③ 폰트를 크게 하기도 하고 작게 하기도 하고 싶어요.

5. ① 맛있는 가게도 많이 알고 있고, 여기저기 안내하고 싶어요.
   ② 돈도 없고, 저는 그만두고 싶어요.
   ③ 피곤하기도 하고, 좀 쉬고 싶어요.

제2과 내일은 아르바이트 안가는 날이라서 시간 있어요.

Part 1

이토 : 김태우씨, 지금 시간 좀 있습니까? 한국어 숙제에서 모르는 곳이 있어서요.
김　 : 아, 미안해요. 지금부터 아르바이트가 있거든요.
이토 : 그래요?
김　 : 내일은 아르바이트 안가는 날이라서 시간 있어요.
이토 : 그럼, 내일 부탁드려요. 아르바이트 잘 하세요.
김　 : 고마워요. 그럼 잘 가요.

Part 2

기무라: 이윤미씨는 주말에 항상 무엇을 합니까?
이　 : 대체로 친구랑 외출해요. 외출하지 않는 날은 집에서 텔레비전을 보거나
　　　　책을 읽거나 해요. 기무라씨는요?
기무라: 매주 토요일은 드럼 연습을 해요. 드럼 연습을 하지 않을 때는 친구랑 만나서
　　　　영화를 보기도 합니다.
이　 : 일요일은 어떻게 지내고 있어요?
기무라: 일요일은 아무데도 가지 않고 집에서 여유롭게 보내고 있습니다.

표현연습

Part 1

1. ① 내일은 아르바이트 안가는 날이에요.
   ② 아침밥을 먹지 않을 때도 있어요.
   ③ 커피에 설탕을 넣지 않는 사람도 있어요.

2. ① 아르바이트 잘 하세요.
   ② 앞으로도 열심히 하세요.
   ③ 유학생 여러분, 열심히 하세요.

3. ① 친구랑 만나서 영화를 보기도 해요.
   ② 날씨 좋은 날은 산책하기도 해요.
   ③ 형은 일 때문에 자주 출장가기도 해요.

4. ① 아무데도 가지 않고 집에서 여유롭게 보내고 있어요.
   ② 안경도 안 벗고 자고 있어요.
   ③ 공부 안하고 놀고 있어요.

제3과 비상용 배낭도 놓여 있습니다.

Part 1

이토 : 한국도 지진이 있습니까?

김　 : 한국은 거의 없습니다. 이토씨는 도쿄 출신이죠?
　　　도쿄는 지진이 많습니까?

이토 : 네, 그래요. 어렸을 때부터 익숙해져 있지만요. 집의 가구는 쓰러지지 않도록
　　　고정되어 있고, 비상용 배낭도 놓여 있습니다.

김　 : 비상용 배낭이라는 건 무엇인가요?

이토 : 가방에 간단한 음식이나 물, 휴대용 라디오, 수동 충전기 등이 들어 있어요.

김　 : 와, 항상 잘 준비되어 있군요.

Part 2

기무라: 이윤미씨, 급하게 어디에 가세요?

이　　 : 사무실에 물건을 좀 두고 와서 가지러 가는데요.
　　　　아직 열려있을까….

기무라: 조금 아까 불이 켜져 있었어요. 가봅시다.

＊　＊　＊

이　　 : 불은 켜있는데 문이 잠겨있네요.

기무라: 정말이네요. 좀 기다려 볼까요? 뭘 두고 왔는데요?

이　　 : 지갑이요. 돈은 별로 들어있지 않지만.

표현연습

Part 1

1. ① 어렸을 때부터 익숙해져 있습니다만.
   ② 데스크톱 구입을 생각하고 있습니다만.
   ③ 교사가 되고 싶다고 생각하고 있습니다만.

2. ① 쓰러지지 않도록 고정되어 있습니다.
　 ② 잊어버리지 않도록 메모해 둡니다.
　 ③ 배탈 나지 않도록 조심합시다.

3. ① 비상용 배낭도 놓여 있습니다.
　 ② 교실 창문이 열려 있습니다.
　 ③ 컵이 깨끗이 씻어져 있습니다.

(Part 2)

4. ① 아직 열려 있을까?
　 ② 아직 기억하고 있을까?
　 ③ 아직 공부하고 있을까?

5. ① 좀 기다려 볼까요?
　 ② 하나 먹어 볼까요?
　 ③ 이쪽에서 전화해 볼까요?

제4과　전화로 예약하는 것도 가능합니다.

Part 1

이토 　: 기무라씨, 이 근처에서 친구와 함께 공부할 수 있는 장소 모르세요?
　　　　　한국어랑 일본어 익스체인지를 하고 싶은데요.
기무라: 제가 사용하고 있는 곳은 이 근처 스터디룸이에요.
이토 　: 스터디룸이요?
기무라: 음료수 값만으로 3시간, 작은 방을 빌릴 수가 있어요.
　　　　　컴퓨터를 사용할 수도 있고 복사기도 있고 해서 굉장히 편리해요.
　　　　　한국에는 이런 편리한 장소가 많아요.
이토 　: 학생뿐만 아니라 사회인도 모두 열심히 공부하는군요.
기무라: 전화로 예약하는 것도 가능합니다. 한번 사용해 보세요.
이토 　: 고마워요. 바로 가보겠습니다.

Part 2

(과 방에서)
기무라: 실례합니다. 누구 중국어 아는 사람 없습니까?
이 　　: 왜 그러는데요?
기무라: 작년에 중국을 여행했을 때 친구가 된 사람한테 이메일이 왔는데
　　　　　전부 중국어라서요!
이 　　: 옆이 중국어학과 방이니까 누군가에게 물어볼 수 있을지도 몰라요.
　　　　　그러고보니 기무라씨, 혹시 제2외국어가 중국어 아니었던가요?
기무라: 실은 조금 말할 수 있는 정도이고, 아직 읽지도 못하고 쓰지도 못하거든요.
이 　　: 그렇군요. 그럼 잠깐 가 봅시다.

Part 1

1. ① 함께 공부할 수 있는 장소 모르세요?
   ② 틀리게 사용하고 있지 않습니까?
   ③ 100엔짜리 동전 없습니까?

2. ① 작은 방을 빌릴 수가 있어요.
   ② 역까지는 마을버스로 갈 수가 있어요.
   ③ 이 복사기는 학생이라도 이용할 수 있습니다.

Part 2

3. ① 누군가에게 물어 볼 수 있을지도 몰라요.
   ② 기무라씨는 안 올지도 모릅니다.
   ③ 그 책은 재미없을지도 모릅니다.

4. ① 혹시 제2외국어가 중국어 아니었던가요?
   ② 혹시 취미는 스키 아니었던가요?
   ③ 혹시 어제가 생일 아니었던가요?

5. ① 아직 쓰지 못합니다.
   ② 전혀 헤엄 못쳐요.
   ③ 30분도 못 달려요.

제5과 휴대폰으로 이야기해서는 안 됩니다.

Part 1

이　　 : 기무라씨, 일본은 휴대폰 매너가 엄격하지요?
기무라: 맞아요. 버스나 지하철에서 휴대폰으로 이야기해서는 안 됩니다.
이　　 : 하지만 급할 때는 휴대폰으로 이야기하고 싶잖아요.
기무라: 그렇죠. 그래서 아이, 학생, 어른 모두 열심히 휴대폰 문자를 보내고 있어요.
　　　　하지만 우선석(노약자석) 부근에서는 문자도 보내선 안 됩니다.
　　　　전원을 꺼야 돼요.
이　　 : 한국 쪽이 자유로워서 좋네. 필요할 때는 사용해도 되고.
기무라: 그러네요. 하지만 앞으로 한국도 바뀔지도 몰라요.

Part 2

김　　 : 이토씨, 기숙사 생활은 어때요?
이토　 : 방도 깨끗하고, 룸메이트도 재미있고, 좋아요.

김 : 규칙은 엄한가요?

이토 : 밤늦게 시끄럽게 하거나 친구를 재우거나 해서는 안 돼요.
　　　그리고 방에서 애완동물을 길러서는 안 돼요. 그 정도일 걸요.

김 : 다음에 기무라씨하고 같이 놀러 가도 되요?

이토 : 아, 이성이 들어와선 절대 안 돼요!

표현연습

Part 1

1. ① 일본은 휴대폰 매너가 엄격하지요?
　 ② 저 사람은 매우 친절하지요?
　 ③ 일본도 5월 5일은 어린이날이지요?

2. ① 휴대폰으로 이야기해선 안 됩니다.
　 ② 잔디밭에 들어가선 안 됩니다.
　 ③ 우선석(노약자석)에 앉아선 안 됩니다.

3. ① 전원을 끄지 않으면 안 돼요.
　 ② 도서관에서는 조용히 하지 않으면 안 됩니다.
　 ③ 회원이 되기 위해서는 신청서를 내지 않으면 안 됩니다.

Part 2

4. ① 놀러 가도 되요?
　 ② 나중에 해도 됩니까?
　 ③ 여동생을 데리고 와도 되요?

5. ① 이성이 들어와선 절대 안 돼요.
　 ② 스쿨존에서 스피드를 내선 안 됩니다.
　 ③ 매일 술을 너무 마시면 안 됩니다.

제6과　사진을 찍거나 녹음하거나 하지 말아 주세요.

Part 1

(콘서트홀 입구에서)

이　　 : 이 가수는 지금 한국에서 굉장히 인기가 있어요.

기무라: 일본인 관객도 많네요.

직원 : 콘서트 중에는 절대로 사진을 찍거나 녹음하거나 하지 말아 주세요.
　　　휴대폰 전원도 꺼 주세요.

이　　 : 저기요, 음료수를 가지고 들어가도 되나요?

직원 : 아, 안 됩니다. 이쪽에 버려 주세요.

이   : 알겠습니다. 기무라씨, 안으로 들어갑시다.
기무라: 저 화장실에 좀 갔다 올게요.
이   : 이제 곧 시작해요. 늦지 마세요.

Part 2

(일본에서 걸려온 국제전화)
어머니: 여보세요. 코타, 잘 지내니?
기무라: 아, 어머니, 전화 고마워요. 잘 지내요.
어머니: 통 연락이 없어서 걱정했어. 가끔 전화 정도는 해라.
기무라: 죄송해요. 앞으로는 명심할게요.
어머니: 식사는? 라면만 먹지 말고 야채도 많이 먹어.
기무라: 한국은 식당에서 서비스로 맛있는 반찬이 많이 나오기 때문에
          영양은 잘 섭취하고 있어요. 아버지는 잘 계세요?
어머니: 지금 전화 바꿀 테니, 좀 기다려라. 여보!

표현연습

Part 1

1. ① 휴대폰 전원을 꺼 주세요.
   ② 다음 역에서 갈아 타 주세요.
   ③ 숙제는 금요일까지 내 주세요.

2. ① 사진을 찍거나 녹음하거나 하지 말아 주세요.
   ② 여기에는 아무것도 쓰지 말아 주세요.
   ③ 운전 중에 휴대폰은 사용하지 말아 주세요.

Part 2

3. ① 가끔 전화 정도는 해라.
   ② 신문 정도는 읽어라.
   ③ 자기방 정도는 자기가 청소해라.

4. ① 라면만 먹지 말고 야채도 많이 먹어.
   ② 한국인뿐만 아니라 외국인도 많이 참가했다.
   ③ 남자뿐만 아니라 여자 시합도 재미있다.

제7과 슬슬 취직활동을 시작하려고 해.

Part 1

박　　: 코타, 나 다음 학기부터 밴드연습 자주 못 올 거야.

기무라: 어, 왜?

박　　: 슬슬 취직활동을 시작하려고 해. 신문사 인턴십에 응모할 생각이야.

기무라: 신문사라, 대단하네.

박　　: 물론 다른 회사에도 많이 응모할 생각이야. 요즘은 정말로 취직이 힘드니까.

기무라: 그래. 그런데 왠지 쓸쓸해지네.

박　　: 가끔 연락할 테니까 같이 또 마시자.

Part 2

이토: 김태우씨, 뭘 보고 있는 거예요?

김　: 홈스테이 참가모집 포스터요.
　　　겨울방학에 일본에 가려고 생각중인데, 이거 딱 괜찮죠?

이토: 평범한 관광여행보다 즐거울 거예요.

김　: 이토씨, 겨울방학 어떻게 할 거예요?

이토: 설에 일본에 돌아갈 생각이에요. 이윤미씨도 놀러 올 예정이에요.

김　: 정말이요? 그럼 우리들 일본에서 모일 수 있을지도 모르겠네요.

이토: 꼭 만납시다!

표현연습

Part 1

1. ① 다음 학기부터 밴드연습 자주 못 올 거야.
　 ② 그렇게 빨리 일어날 수 없어.
　 ③ 매운 것은 별로 잘 먹을 수 없어.

2. ① 슬슬 취직 활동을 시작하려고 해(서).
　 ② 여름방학에 또 오려고 해(서).
　 ③ 제일 싼 것을 사려고 해(서).

3. ① 인턴십에 응모할 생각이야.
　 ② 앞으로는 제대로 아침을 먹을 생각이야.
　 ③ 스페인 여행을 위해서 스페인어를 배울 생각이야.

Part 2

4. ① 평범한 관광여행보다 즐거울 거예요.
　 ② 중국어가 일본어보다 어려울 거예요.
　 ③ 인스턴트 라면보다 맛있을 거예요.

5. ① 이윤미씨도 놀러 올 예정이에요.
   ② 이번 달 말에 이사할 예정이에요.
   ③ 오늘 밤 텔레비전에서 방송 예정이에요.

제8과 새로 일본인 유학생이 도착한 것 같아요.

Part 1

이   : 기무라씨, 새로 일본인 유학생이 도착한 것 같아요.
        아까 정문 앞에 큰 여행 가방을 든 사람이 몇 명인가 있었어요.
기무라: 그래요? 그럼 저 잠깐 기숙사에 가서 도와주고 올게요.
이   : 나중에 소개해 주세요.
기무라: 물론이죠. 아 맞다. 이토씨한테 들었는데, 이번 주 토요일에 새로 온
        유학생을 위한 환영회가 있다고 합니다. 함께 갑시다.
이   : 네, 토요일이라면 갈 수 있어요.
        어떤 사람들인지 기대되네요.

Part 2

이토 : 김태우씨, 그 얼굴 상처, 어떻게 된 거예요?
김   : 어제 기무라군들하고 술 마셨는데 그때 어딘가에 부딪친 거 같아요.
이토 : 기억 못하는 거예요?
김   : 3차에서 가라오케(노래방)에 갔던 것 까지는 기억하고 있는데….
        기무리군 말로는, 내가 돌아오는 택시에서도 소란 피웠다는 것 같아요.
이토 : 왜 그렇게 마신 거예요?
김   : 실은 지난 주에 여자 친구랑 헤어졌거든요.

표현연습

(Part 1)

1. ① 새로 일본인 유학생이 도착한 것 같아요.
   ② 회화 수업은 이미 끝난 것 같아요.
   ③ 그는 아직 일하고 있는 것 같아요.

2. ① 이번 주 토요일에 새로 온 유학생을 위한 환영회가 있다고 합니다.
   ② 일요일에 다같이 등산할 거라고 합니다.
   ③ 역 앞에 높은 빌딩이 들어선다고 합니다.

3. ① 토요일이라면 갈 수 있어요.
   ② 만원이라면 낼 수 있어요.
   ③ 카레라이스라면 금방 만들 수 있어요.

4. ① 내가 돌아오는 택시에서도 소란 피웠다는 것 같아요.
   ② 그녀는 그때 몸 상태가 나빴던 것 같아요.
   ③ 또 화재가 발생한 것 같아요.

5. ① 왜 그렇게 마신 거예요?
   ② 왜 늦은 거예요?
   ③ 왜 사진을 안 찍는 거예요?

제9과 작년에는 초콜릿을 받았어요?

Part 1

이 　　: 내일 발렌타인 데이네요. 기무라씨, 작년에는 초콜릿 받았어요?
기무라: 유감스럽게도…. 한국에서도 여자가 남자한테 초콜릿을 주나요?
이 　　: 네, 일본이랑 똑같아요.
기무라: 일본에서는 요즘, 여자들이 자기가 자기한테 주는 「고호비 초코(상으로 주는 초콜릿)」라는
　　　　것이 유행이거든요. 그래서 이윤미씨는 올해 어떻게 할 건데요?
이 　　: 전 남자친구한테 손수 만든 것을 줄 생각이에요. 아, 기무라씨 것도 만들어 줄게요.
기무라: 나는 「기리 초코(의리로 주는 초콜릿)」라….

Part 2

김 　　: 이토씨, 짐이 많네요. 들어드릴까요?
이토 　: 아, 고마워요. 이것 부탁해요. 어머니가 일본에서 짐을 보내 주셨거든요.
김 　　: 그건 뭐예요?
이토 　: 감이에요. 아까 이윤미씨가 줬어요.

　　　　　　　　*　　*　　*

(짐을 열면서)
이토 　: 뭐가 들어 있을까? 아, 컵라면이다. 이거, 맛있어요. 하나 드릴게요, 여기요.
김 　　: 어, 받아도 되요? 일본 컵라면은 처음이에요. 고마워요.

표현연습

Part 1

1. ① 작년에는 초콜릿을 받았어요?
   ② 여름 보너스, 얼마 받았어요?
   ③ 누구한테 꽃다발을 받았어요?

2. ① 전 남자친구한테 손수 만든 것을 줄 생각이에요.
   ② 크리스마스에 여자친구한테 선물을 줄 생각이에요.
   ③ 형 생일에 이 시계를 줄 생각이에요.

3. ① 기무라씨 것도 만들어 줄게요.
   ② 김치 만드는 법, 가르쳐 줄게요.
   ③ 다음에 소개해 줄게요.

(Part 2)

4. ① 감이에요. 아까 이윤미씨가 줬어요.
   ② 언니가 인형을 줬어요.
   ③ 미국 친구가 메일을 보내 줬어요.

5. ① 어머니가 일본에서 짐을 보내 주셨거든요.
   ② 아버지가 마중 나와 주셨거든요.
   ③ 형이 우산을 가지고 와줬거든요.

제10과 인원수와 행선지를 누르면 표가 나와요.

Part 1

(지하철 표 자판기 앞에서)
이   : 왜 그러세요?
일본인: 아, 표 사는 방법을 잘 모르겠어서….
이   : 어디까지 가세요?
일본인: 동대문까지 가고 싶은데요.
이   : 그럼, 먼저 여기에 돈을 넣으세요.
        그리고 나서 인원수와 행선지를 누르면 표가 나와요. 여기요.
일본인: 감사합니다. 도와주셔서요.
이   : 「T-money」라는 선불 카드를 사용하면 할인도 되고, 더 편리해요.
일본인: 그렇습니까? 다음에는 그것을 사용해 볼게요.
이   : 그럼, 아무쪼록 조심히 가세요.

Part 2

김   : 이토씨, 기무라군의 생일 파티, 6시부터죠? 슬슬 가지 않을래요?
이토 : 미안해요. 난 아직 내일 발표준비가 끝나지 않아서요.
        이것 끝나면 바로 갈게요. 먼저 가 있어 주세요.
김   : 힘드시겠어요. 가게 장소는 괜찮겠어요? 혹시 모르겠으면 저에게 전화해 주세요.
이토 : 고마워요. 그렇게 할게요.
김   : 그럼 거기서 기다리고 있을게요. 빨리 오세요!

Part 1

1. ① 인원수와 행선지를 누르면 표가 나옵니다.
   ② 여기로 곧장 가면 에스컬레이터가 있습니다.
   ③ 술을 마시면 얼굴이 빨개집니다.

2. ① 선불 카드를 사용하면 할인도 됩니다.
   ② 저 버스를 타면 아직 시간 내에 갈 수 있을 것입니다.
   ③ 이윤미씨가 가면 저도 가겠습니다.

Part 2

3. ① 난 아직 내일 발표준비가 끝나지 않아서요.
   ② 아침부터 아직 아무것도 먹지 않아서요.
   ③ 아직 한 번도 만난 적 없어서요.

4. ① 이것 끝나면 바로 갈게요.
   ② 공항에 도착하면 전화할게요.
   ③ 비가 오면 야외 콘서트는 중지됩니다.

5. ① 만약 모르겠으면 저에게 전화해 주세요.
   ② 만약 알고 있으면 가르쳐 주세요.
   ③ 만약 제가 일어나지 않으면 깨워 주세요.

제11과   김태우씨는 선생님께 기대를 받고 있는 거예요.

Part 1

이토 : 김태우씨, 무슨 일 있어요? 오늘 기운이 없네요.
김   : 실은 아까 요전의 시험 때문에 선생님께 좀 주의 받았어요.
이토 : 시험 결과가 나빴나요?
김   : 네. 그래서 선생님께 더 열심히 공부하라고 얘기 들었어요.
이토 : 김태우씨는 선생님께 기대를 받고 있는 거예요.
김   : 그런가요? 요즘, 확실히 좀 너무 놀아서….
        다음 시험은 절대 분발하지 않으면 안 돼요.

Part 2

이   : 기무라씨, 형제는요?
기무라: 2살 아래 여동생이 한명 있어요.

이   : 사이가 좋아요?

기무라: 지금은 사이가 좋지만, 어렸을 때는 별로….

          제가 짓궂어서 여동생에게 제 가방을 들게 하거나 싸워서 울리거나….

이   : 못된 오빠네요. 의외예요.

기무라: 하지만, 요즘은 반대로 여동생이 저에게 청소를 시키거나 물건 사러 보내거나

          해요. 다음 달 서울에 놀러 오는데요, 「맛있는 거 사줘」라고 하더군요.

이   : 그럼, 식사하러 갈 때는 저도 불러 주세요.

표현연습

Part 1

1. ① 선생님께 좀 주의 받았어요.
   ② 또 어머니한테 혼났어요.
   ③ 과장님한테 칭찬받았어요.

2. ① 선생님께 더 열심히 공부하라고 얘기 들었어요.
   ② 사무실에 오라는 말을 들었어요.
   ③ 스스로 준비하라는 말을 들었어요.

Part 2

3. ① 여동생에게 제 가방을 들게 하거나 싸워서 울리거나….
   ② 아이에게 피아노를 배우게 하거나 발레를 시키거나….
   ③ 학생에게 발음 연습을 시키거니 작문을 쓰게 하거나….

4. ① 「맛있는 것 사줘」라고 하더군요.
   ② 대학원에 진학하고 싶다고 하더군요.
   ③ 아르바이트를 그만둔다고 하더군요.

제12과   사이토 선생님 계신가요?

Part 1

(선생님 연구실 문 앞에서 노크하며)

학생 : 실례합니다.

조교 : 네, 들어오세요.

학생 : 사이토 선생님 계신가요?

조교 : 선생님은 지금 수업 중이신데요.

학생 : 그래요? 몇 시쯤 돌아오실까요?

조교 : 글쎄요. 30분 후면 돌아오실 거 같은데요.

학생 : 그럼, 나중에 다시 올게요.

Part 2

(일본식 술집에서)

점원 : 어서 오십시오. 몇 분이세요?

김 : 4명이에요.

점원 : 담배 피우시나요?

김 : 아니요.

점원 : 그럼 이쪽으로 오세요.

*   *   *

점원 : 음료는 어떻게 하시겠어요?

김 : 생맥주 넷하고 삶은 콩도 같이 주세요.

점원 : 네, 알겠습니다. 잠시만 기다려 주십시오.

표현연습

Part 1

1. ① 몇 시쯤 돌아오실까요?
   ② 몇 시 비행기로 돌아가십니까?
   ③ 어떤 샴푸를 쓰십니까?

2. ① 30분 후면 돌아오실 거 같은데요.
   ② 이토씨 부모님이 오실 거라고 생각합니다만.
   ③ 선생님도 유화를 그리실 거 같은데요.

Part 2

3. ① 삶은 콩도 같이 주세요.
   ② 그 짐, 들어 드리겠습니다.
   ③ 질문에 대답하겠습니다.

4. ① 잠시만 기다려 주십시오.
   ② 자, 어서 들어오십시오.
   ③ 조금만 더 기다려 주십시오.

연습문제 정답

연습문제 정답

1. ① けいおんがくぶ　② ひく　③ しぶや　④ はらじゅく　⑤ ほんとう
   ⑥ 一生　⑦ 案内　⑧ 社員　⑨ 使う　⑩ 疲れる

2. ① 事務室へ行ってみます。
   ② プログラムを調べてみます。
   ③ 李さんに頼んでみます。

3. ① 部屋の掃除をしたり、買い物に行ったりします。
   ② 音楽を聞いたり、絵を描いたりします。
   ③ 復習をしたり、予習をしたりします。

4. ① 学生割引ってありますか。
   ② 授業に遅れたことは一度もありません。
   ③ 天気もいいし、どこかに遊びに行きたいんです。

제2과   내일은 아르바이트 안가는 날이라서 시간 있어요.

1. ① しゅうまつ　② だいたい　③ すごす　④ さとう　⑤ めがね
   ⑥ 韓国語　⑦ 宿題　⑧ 練習　⑨ 出張　⑩ 留学生

2. ① のまない　② たべない　③ かわない　④ べんきょうしない
   ⑤ みない　⑥ ねない　⑦ はなさない　⑧ やすまない
   ⑨ おきない　⑩ こない　⑪ またない　⑫ かえらない

3. ① c　② a　③ b

4. ① 単語の意味が分からない時は、辞書を引きます。
   ② 寝ないでがんばらなくちゃ。
   ③ 食事の後、いつも散歩しています。

제3과 비상용 배낭도 놓여 있습니다.

1. ① ひじょうよう ② じしん ③ しゅどう ④ たおれる ⑤ こうにゅう
   ⑥ 出身 ⑦ 慣れる ⑧ 急ぐ ⑨ 財布 ⑩ 教師

2. ① 引かない ② 間に合う ③ しない

3. ① ミルクが入れてあります。 ② 車が止まっています。
   ③ 電気がついています。 ④ 名前が書いてあります。

4. ① テーブルの上に雑誌が置いてあります。
   ② あのスーパー、まだ開いているかな。
   ③ 今度の歌はいっしょに歌ってみましょうか。

제4과 전화로 예약하는 것도 가능합니다.

1. ① よやく ② ねっしん ③ かりる ④ となり ⑤ たしか
   ⑥ 場所 ⑦ 程度 ⑧ 社会人 ⑨ 間違う ⑩ 利用

2. ① つくれる ② はしれる ③ あえる ④ あそべる ⑤ かえれる
   ⑥ もてる ⑦ のれる ⑧ やすめる ⑨ はなせる ⑩ およげる

3. ① 韓国の料理を作ることができます。
   ② 英語を話すことができます。
   ③ 辛いものを食べることができます。

4. ① 今日はアルバイトがありませんか。
   ② 私は行けないかもしれません。
   ③ あの留学生は確かモンゴル人じゃなかったですか。

1. ① けいたい　　② きびしい　　③ ゆうせんせき　　④ とめる　　⑤ さわぐ
   ⑥ 電源　　　⑦ 規則　　　⑧ 申込書　　　⑨ 芝生　　　⑩ 異性

2. ① ここで騒いではいけません。
   ② 宿題を忘れてはいけません。
   ③ 先に帰ってはいけません。

3. ① ドアを閉めてもいいですか。
   ② 辞書を使ってもいいですか。
   ③ 今晩、電話をしてもいいですか。

4. ① このトッポッキ、おいしいんでしょう?
   ② 必ず電話番号と住所を書かなければなりません。
   ③ この本を全部コピーしては絶対だめです。

1. ① ろくおん　　② すてる　　③ れんらく　　④ うんてんちゅう　　⑤ やさい
   ⑥ 歌手　　　⑦ 写真　　　⑧ 心配　　　⑨ 栄養　　　⑩ 試合

2. ① 暑くなりましたから、窓を開けてください。
   ② 危ないですから、触らないでください。
   ③ 見えませんから、座ってください。
   ④ 時間がありますから、急がないでください。

3. ① 早く帰りなさい。
   ② 軽い方を買いなさい。
   ③ ちょっと待ちなさい。

4. ① 来週の約束、忘れないでください。
   ② 先に手を洗って来なさい。
   ③ 復習ばかりじゃなくて、予習もした方がいいですよ。

제7과 슬슬 취직활동을 시작하려고 해.

1. ① (お)しょうがつ   ② しゅうしょく   ③ ぼしゅう   ④ しゅうごう   ⑤ かんこうりょこう
   ⑥ 来学期   ⑦ 始める   ⑧ 新聞社   ⑨ 予定   ⑩ 活動

2. ① きられない   ② おしえられない   ③ おきられない   ④ ねられない
   ⑤ わすれられな い   ⑥ こられない   ⑦ あけられない   ⑧ みられない

3. ① 来年はイギリスで英語を勉強するつもりです。
   ② 来年、彼女と結婚するつもりです。
   ③ 読んだ漫画は友達にあげるつもりです。

4. ① 週末はサッカーの試合を見ようと思っています。
   ② この時間は、タクシーより地下鉄のほうが速いと思います。
   ③ 日曜日はスキーに行く予定です。

제8과 새로 일본인 유학생이 도착한 것 같아요.

1. ① たの(しみ)   ② しょうかい   ③ かんげいかい   ④ きず   ⑤ (お)さけ
   ⑥ 到着   ⑦ 正門   ⑧ 手伝う   ⑨ 顔   ⑩ 別れる

2. ① (c) 有名人が来ている
   ② (d) パーティーをしている
   ③ (b) 市内はかなり渋滞している

3. ① 彼の話によると、田中さんは引っ越したそうです。
   ② 天気予報によると、あしたは雪が降るそうです。
   ③ ガイドブックによると、この店は歴史が長いそうです。

4. ① 日常会話なら少し話せます。
   ② さっき学校の前で交通事故があったらしいんです。
   ③ どうして電話に出ないんですか。

제9과 작년에는 초콜릿을 받았어요?

1. ① ざんねん　　② かれし　　③ ぎり　　④ にもつ　　⑤ かき
　 ⑥ 最近　　　　⑦ 自分　　　⑧ 手作り　⑨ 多い　　⑩ 送る

2. ① 私は父にネクタイをあげました。
　 ② 先輩は私に電子辞書をくれました。
　 ③ 妹は伊藤さんに韓国のお茶をあげました。
　 ④ 伊藤さんは妹に日本のお菓子をくれました。

3. ① 私は友達に街を案内してもらいました。
　 ② 私は彼女に料理を作ってもらいました。
　 ③ 妹は金さんに家まで送ってもらいました。

4. ① 弟の誕生日に時計をあげるつもりです。
　 ② 木村さんは駅で1時間も待ってくれました。
　 ③ これは日本の友達にもらった手紙です。

제10과 인원수와 행선지를 누르면 표가 나와요.

1. ① にんずう　　② いきさき　③ わりびき　④ たんじょうび　⑤ じゅんび
　 ⑥ 切符　　　　⑦ 押す　　　⑧ 便利　　　⑨ 使う　　　　　⑩ 発表

2. ① この薬を飲めば、すぐに治ります。
　 ② この試合に勝てば、ベスト4になります。
　 ③ あした天気がよければ、漢江市民公園でサイクリングをします。
　 ④ 寒ければ、家にいます。

3. ① 食べ(たら) / 太り(ます)　　② あっ(たら) / し(たい)
　 ③ 寒かっ(たら) / 閉め(て)　　④ 着い(たら) / 電話し(て)

4. ① ここは春になると、桜がとてもきれいです。
　 ② まだ日本へ行ったことがないんです。
　 ③ もし近くに来たら、連絡してください。

제11과 김태우씨는 선생님께 기대를 받고 있는 거예요.

1. ① けっか   ② いもうと   ③ ころ   ④ ぎゃく(に)   ⑤ よぶ
   ⑥ 元気   ⑦ 注意   ⑧ 悪い   ⑨ 期待   ⑩ 兄弟

2. ① 私は友達に翻訳を頼まれました。
   ② 犯人は警察に見つけられました。
   ③ 李さんは先生に呼ばれました。

3. ① 先生は学生にレポートを書かせました。
   ② お母さんは子供に野菜をたくさん食べさせました。
   ③ 父は兄に中国語を習わせました。

4. ① 私は先生に仕事を頼まれました。
   ② ここで少し待つように言われました。
   ③ 今日の授業は休むと言っていました。

제12과 사이토 선생님 계신가요?

1. ① もどる   ② まいる   ③ なんめいさま   ④ すう   ⑤ まつ
   ⑥ 失礼   ⑦ 後   ⑧ 飲み物   ⑨ 願い   ⑩ 少々

2. ① お客様は5時にお帰りになりました。
   ② 先生の奥様は韓国料理をお作りになりました。
   ③ 学長は歌をお歌いになりました。

3. ① 貴重品はフロントでお預かりします。
   ② 詳しい地図をお見せします。
   ③ 後でメールでお知らせします。

4. ① サンドイッチとコーヒーをお願いします。
   ② 木村さんのお父さんはどこにいらっしゃいますか。
   ③ (ご)住所と(お)名前をお書きください。

 저자약력

 윤상실(尹相實)

· 한국외국어대학교 일본어과 졸업
· 홋카이도대학 대학원 문학연구과 졸업(문학박사)
· 현대일본어문법 전공
· 현재 명지대학교 일어일문학과 교수
· 저서 : 『現代日本語のモダリティ』 제이앤씨 2005
　　　　『활용을 위한 일본어문법』 제이앤씨 2008
　　　　『커뮤니케이션을 위한 캠퍼스 일본어 Level 1』(공저) 제이앤씨 2009

 오찬욱(吳讚旭)

· 한국외국어대학교 일본어과 졸업
· 도쿄도리쓰대학 대학원 문학연구과 졸업(문학박사)
· 일본중세실화문학 선공
· 현재 명지대학교 일어일문학과 교수
· 저서 : 『古今著聞集研究』 제이앤씨 2005
　　　　『헤이케 이야기1』『헤이케 이야기2』(역서) 문학과지성사 2006
　　　　『커뮤니케이션을 위한 캠퍼스 일본어 Level 1』(공저) 제이앤씨 2009

 미야자키 사토코(宮崎聡子)

· 가카와대학 교육학부 졸업
· 오카야마대학 대학원 문학연구과 수료(문학석사)
· 현대일본어문법 전공
· 현재 명지대학교 일어일문학과 원어민회화교수
· 저서 : 『聞く・考える・話す 留学生のための初級にほんご会話』『聞く・考える・話す
　　　　留学生のための初級にほんご会話 教師用』(공저) スリーエーネットワーク 2007
　　　　『커뮤니케이션을 위한 캠퍼스 일본어 Level 1』(공저) 제이앤씨 2009

커뮤니케이션을 위한 **캠퍼스 일본어** Level 2

초판인쇄 2010년 2월 17일
초판발행 2010년 2월 26일

저   자 윤상실·오찬욱·미야자키 사토코
발 행 처 제이앤씨
등   록 제7-220호

주   소 132-040 서울시 도봉구 창동 624-1 현대홈시티 102-1206
전   화 (02) 992-3253(代)
팩   스 (02) 991-1285
전자우편 jncbook@hanmail.net
홈페이지 http://www.jncbook.co.kr
책임편집 김진화
일러스트 변아롱

ⓒ 윤상실·오찬욱·미야자키 사토코 2010 All rights reserved. Printed in KOREA

ISBN 978-89-5668-767-4 03730   정가 12,000원